Tu Voz Ya No Importa.
La IA Habla Mejor que Tú
y lo Hace 24/7

Guía Definitiva para Crear Voces Humanas con ElevenLabs y Dominar YouTube, Instagram y Tu Negocio sin Decir una Palabra

Cristina Pilar Barriga Ramos

Edición y maquetación: José Manuel Barriga Martín

DEDICATORIA

A ti, papá,

José Manuel, el sabio silencioso detrás del teclado.

Desde que tengo uso de razón, fuiste mi primer contacto con la tecnología. Mientras otros niños veían dibujos, tú me enseñabas a entender lo invisible: bits, comandos y sistemas que parecían mágicos. Pero lo más mágico de todo fue cómo me lo transmitiste, con paciencia, pasión y esa forma tuya de hacer sencillo lo que otros complican.

Hoy no solo te reconozco como el hombre con el mayor conocimiento de ElevenLabs que jamás haya conocido, sino también como mi mentor más constante, mi ejemplo más claro de dedicación y excelencia sin ruido. Este libro existe porque tú sembraste la semilla del conocimiento en mí antes de que yo supiera que existía.

Y a ti, Kenzo, mi hijo, mi legado, mi inspiración diaria.

Cuando escuches estas voces, estas creaciones... que sepas que cada una lleva un poco de ti. Porque esta guía también es para quienes vendrán. Para que tú y otros niños del futuro no tengan que vivir limitados por sus miedos, su timidez o su voz.

A los que hoy leen esto:

Si alguna vez te sentiste pequeño frente a un micrófono,

si sentiste que tu mensaje no era suficiente,

si pensaste que no tenías "la voz correcta",

quiero que sepas que yo también estuve ahí.

Esta guía no se escribió para sonar bien. Se escribió para liberarte.

Y detrás de cada palabra, hay una historia de familia, amor y tecnología... que ahora también puede ser tuya.

Con todo mi amor,

Cristina Pilar Barriga Ramos

Índice

1.1. ¿Qué es ElevenLabs?

1.2. ¿Qué lo hace especial frente a otros sistemas de voz?

1.3. ¿Qué se puede crear con ElevenLabs?

1.4. ¿Qué necesitas para empezar?

1.5. ¿Por qué es importante humanizar la voz IA?

1.6. Casos en los que usar ElevenLabs emociona más que una voz real

Lo esencial del Capítulo 1

2.1. ¿Qué ocurre realmente cuando ElevenLabs lee tu texto?

2.2. Cómo interpreta el ritmo y la entonación

2.3. Los tres pilares que usa ElevenLabs para "actuar"

2.4. ¿Cómo trata ElevenLabs los signos de puntuación?

2.5. Cómo interpretar los saltos de línea

2.6. Las capas técnicas del motor de voz de ElevenLabs

2.7. Qué puedes y qué no puedes hacer con ElevenLabs

2.8. ¿Por qué a veces suena robótico?

2.9. ¿Cómo "aprender" la personalidad de la voz?

Lo esencial del Capítulo 2

4.7. Cómo provocar variaciones de ritmo en voz IA

4.8. Cómo insertar pequeños errores vocales para sonar aún más humano

4.9. Cómo combinar muletillas + silencios + errores para lograr una voz hiperrealista

4.10. Los matices que hacen humana una voz

Lo esencial del Capítulo 4

5.1. Introducción: ¿por qué clonar tu propia voz?

5.2. ¿Qué se puede hacer con una voz clonada?

5.3. Aspectos legales y éticos antes de clonar tu voz

5.4. Paso a paso para clonar tu voz con ElevenLabs

5.5. Cómo ajustar los parámetros para que tu voz suene como tú

5.6. Cómo detectar si tu clon necesita mejoras

5.7. ¿Qué pasa si mejoras tu voz original?

5.8. Cómo mantener tu voz consistente a lo largo del tiempo

5.9. Casos reales de uso de voz clonada

Lo esencial del Capítulo 5

6.1. Introducción: la importancia de postproducir incluso una voz IA

6.2. Herramientas necesarias para editar voz IA

6.3. El flujo básico de edición de voz IA

CAPÍTULO 9 — Generador de Prompts Emocionales para Voz IA: cómo escribir lo que suena humano... Página 79

CAPÍTULO 10 — Estrategia de Publicación de Audios en Redes Sociales y WhatsApp: cómo emocionar, viralizar y conectar... Página 93

Lo esencial del Capítulo 13

14.1. Introducción: de voz emocional a modelo de negocio

14.2. Modelos de monetización con voz IA

14.3. Cómo diseñar tu primer producto sonoro (paso a paso)

14.4. Funnel y automatización completa de venta

14.5. Plataformas recomendadas para alojar y vender tus audios

14.6. Promoción: cómo lanzar y viralizar tu producto sonoro

14.7. Casos reales de éxito con productos de voz IA

Lo esencial del Capítulo 14

15.1. Introducción: por qué necesitas sistemas, plantillas y accesos rápidos

15.2. Plantillas de prompts emocionales por tono

15.3. Checklists por fase del proceso

15.4. Tabla resumen de parámetros ideales por tipo de contenido

15.5. Recursos recomendados por categoría

15.6. Kit de lanzamiento rápido (7 días)

15.7. Ejemplo completo de uso integrado

Lo esencial del Capítulo 15

XIV

PRÓLOGO

La Voz que Grita lo que Tú Callas

Déjame adivinar…

Te aterra grabarte. Tu voz suena insegura. Y cada vez que abres el micrófono, sientes que no conectas, no vendes, no convences.

¿Resultado?

Tus vídeos en YouTube no despegan.

Tus Reels en Instagram se ven caseros.

Tu marca suena barata.

Y tu negocio… se queda mudo mientras otros te pasan por encima.

Pero te tengo una noticia que te va a doler:

No es culpa del algoritmo. Es culpa tuya por seguir usando tu voz cuando hay una que vende mejor.

Sí, leíste bien.

Tu voz ya no importa.

La inteligencia artificial habla mejor que tú…

Y lo hace las 24 horas sin cansarse, sin tartamudear y sin inseguridades.

¿Y lo mejor?

Esa voz puede ser tuya.

Puedes crearla. Moldearla. Hacer que diga lo que tú no sabes cómo decir.

Bienvenido a ElevenLabs.

La herramienta que está revolucionando la forma en la que se vende, se conecta y se domina el contenido digital.

Esta guía no es para curiosos.

Es para los que están hartos de sonar mediocres.

Para los que entienden que hoy, el que no impacta en segundos, desaparece.

Aquí vas a aprender a crear voces que suenan humanas, que venden solas, que convierten como locos en YouTube, Instagram y donde pongas el foco.

¿Tímido? Perfecto.

¿No te gusta tu voz? Mejor.

¿Te da miedo exponerte? Estás a punto de desaparecer con estilo…

o convertirte en la voz que todo el mundo quiere escuchar.

Tú eliges:

¿Sigues hablando tú?

¿O dejas que la IA hable mejor, más fuerte y más rentable que nunca?

🗨 CAPÍTULO 1 — Qué es ElevenLabs y por qué es diferente

"No todas las voces se escuchan igual… algunas se sienten. Descubrir ElevenLabs es entender esa diferencia."

1.1. ¿Qué es ElevenLabs?

ElevenLabs es una plataforma avanzada de síntesis de voz con inteligencia artificial (AI Voice Synthesis), que permite convertir cualquier texto en una voz hablada que suena extremadamente humana, natural y emocional.

A diferencia de otros motores de texto-a-voz (TTS), ElevenLabs no solo "lee" el texto.

Lo interpreta.

Detecta pausas, ritmo, tono, puntuación, estilo e incluso el subtexto emocional de lo que estás escribiendo. Es como si el motor fuera un actor de voz entrenado para sonar convincente, expresivo y hasta impredecible.

1.2. ¿Qué lo hace especial frente a otros sistemas de voz?

Mientras otras herramientas como Google Cloud TTS, Amazon Polly o IBM Watson ofrecen voces robóticas o demasiado "perfectas", ElevenLabs crea locuciones que parecen salidas de una conversación real.

✳ Diferencias clave:

Elemento	ElevenLabs	TTS convencional
Entonación emocional	☑ Natural, variable	✖ Robótica, plana
Muletillas humanas	☑ Posibles	✖ No
Velocidad flexible	☑ Por frase	⚠ Por bloque completo
Soporte multilingüe real	☑ Nativo (incl. español peninsular)	⚠ Limitado
Voz clonada del usuario	☑ Precisa	⚠ Limitado o inexistente

1.3. ¿Qué se puede crear con ElevenLabs?

ElevenLabs no es solo para leer textos. Con esta herramienta puedes darle voz a tu marca, personaje, historia o canal, sin necesidad de estudio de grabación.

🧩 Ejemplos de uso real:

- Narrar vídeos para YouTube o TikTok

- Hacer podcasts sin locutor

- Crear audios promocionales o testimonios ficticios

- Hacer responder a tu chatbot con voz humana

- Leer artículos o ebooks en voz alta

- Dar vida a un personaje virtual en Instagram o WhatsApp

- Grabar una guía de meditación con estilo emocional

1.4. ¿Qué necesitas para empezar?

Solo necesitas:

1. Una cuenta en ElevenLabs.io

Puedes registrarte gratis y acceder a voces básicas o subir tu voz para clonarla.

2. Un texto bien escrito

No es solo lo que dices, es cómo lo escribes: la puntuación, las pausas, las exclamaciones o los silencios cambian cómo sonará.

3. Elegir una voz o crear la tuya

Puedes usar voces prediseñadas o crear la tuya con pocos minutos de grabación.

4. Ajustar los parámetros de estilo

Puedes hacer que suene más intensa, más calmada, más estable o más expresiva.

3

5.   Descargar el audio generado

Usarlo donde quieras: redes, publicidad, formación, podcasts, YouTube,

---

Documentación Oficial: https://elevenlabs.io/docs

Blog Oficial: https://elevenlabs.io/blogElevenLabs

Comunidad en Reddit: https://www.reddit.com/r/ElevenLabs

Soporte Técnico: Disponible a través del portal de ayuda en https://help.elevenlabs.io

---

1.5. ¿Por qué es importante humanizar la voz IA?

Porque las personas no conectan con perfección. Conectan con emoción.

Una voz robótica, incluso con buena dicción, no transmite vulnerabilidad ni alegría real.

En cambio, cuando tu audiencia escucha:

•   Un "mmmm…" antes de una reflexión

•   Una pausa incómoda como si dudaras

•   Un suspiro antes de una confesión

•   Una frase sin acabar, como si pensaras en voz alta...

...sienten que hay alguien de verdad detrás. Aunque sea IA.

1.6. Casos en los que usar ElevenLabs emociona más que una voz real

- Influencers tímidos o con miedo escénico

- Personas con acento fuerte que quieren una voz más neutra

- Marcas que necesitan consistencia de voz en 100 vídeos sin cambios

- Empresas que no pueden contratar un locutor profesional

- Contenido sensible (duelos, reflexiones, salud emocional) donde una voz IA emocional puede cuidar mejor el tono que una voz mal entrenada

---

Lo esencial del Capítulo 1

ElevenLabs no reemplaza la voz humana.

La complementa, la simula, la proyecta.

Y si sabes cómo usarla, puedes crear contenido que suene humano, suene emocional y, sobre todo, suene real.

🧬 CAPÍTULO 2 — Cómo funciona ElevenLabs por dentro

"Para usar bien una herramienta, hay que entender cómo piensa."

2.1. ¿Qué ocurre realmente cuando ElevenLabs lee tu texto?

Cuando escribes un texto en ElevenLabs y eliges una voz, el sistema no solo convierte letras en sonidos. Lo que hace es analizar todo el texto como si lo estuviera leyendo un actor humano entrenado:

•   Detecta la estructura gramatical: frases, comas, puntos, interrogaciones.

•   Identifica el estilo narrativo: ¿estás explicando?, ¿preguntando?, ¿reflexionando?

•   Determina el tono emocional implícito por el lenguaje, el ritmo y las exclamaciones.

•   Reconstruye la intención emocional del texto.

7

- Usa una red neuronal para predecir el patrón más natural de habla.

Y todo eso ocurre en milisegundos.

A diferencia de otros motores de texto a voz, ElevenLabs no utiliza un patrón fijo para cada palabra. Genera nuevas variaciones cada vez que lee una frase, incluso si el texto es el mismo.

2.2. Cómo interpreta el ritmo y la entonación

ElevenLabs está diseñado para leer como lo haría un narrador real. Eso implica:

- Subidas y bajadas de tono según la emoción implícita

- Pausas naturales al final de frases importantes

- Cambios sutiles de velocidad si el texto sugiere urgencia o calma

- Énfasis en palabras clave mediante variaciones de volumen y ritmo

Por ejemplo: Texto: "No fue lo que esperaba…"

→ ElevenLabs interpretará una caída emocional si el estilo está bien definido y los parámetros están ajustados para ello.

Esto lo logra gracias a una arquitectura de red neuronal especializada en fonética emocional, algo que la mayoría de plataformas no incluyen.

2.3. Los tres pilares que usa ElevenLabs para "actuar"

1.   Contextualización semántica

Entiende el significado del texto. No solo lo traduce, sino que identifica emociones basadas en contenido emocional implícito.

2.   Predicción fonética emocional

No solo predice sonidos, sino cómo decirlos con tono, intención, respiración.

3.   Reconstrucción fonética dinámica

Cada generación es única. Incluso frases repetidas no suenan igual si el contexto varía.

Por eso se recomienda escribir como si escribieras para un actor de teatro, no para una máquina.

2.4. ¿Cómo trata ElevenLabs los signos de puntuación?

La puntuación no es solo gramatical. Para ElevenLabs es emocional.

*   Comas (,): generan pausas suaves, ideales para hacer reflexiones

*   Puntos (.): pausa de cierre, cambio de tono, respiro

*   Puntos suspensivos (...): pausa emocional, duda, intriga, tristeza

*   Interrogaciones (?): elevan el tono final, pueden sonar íntimas o retóricas

*   Exclamaciones (!): ElevenLabs las interpreta como emociones fuertes (alegría, sorpresa, enfado), pero exagerar el uso puede volverlo robótico

*   Guiones (—): usados correctamente generan pausas internas o cortes narrativos que suenan como si alguien recordara algo o interrumpiera su propio pensamiento

2.5. Cómo interpretar los saltos de línea

Un truco poderoso: cada salto de línea le dice a ElevenLabs que el narrador "toma aire" o que empieza una nueva idea.

Esto provoca que suene más orgánico, como si el hablante pensara en voz alta o hablara en bloques, no como una lectura plana.

Ejemplo:

No sabía qué decir.

Me quedé callado un momento…

Y entonces lo entendí todo.

Eso, en voz IA emocional, suena real.

2.6. Las capas técnicas del motor de voz de ElevenLabs

En términos técnicos, ElevenLabs está construido sobre:

•   Modelos de aprendizaje profundo tipo Transformer

•   Red neuronal especializada en voz emocional

•   Un sistema de entrenamiento basado en miles de horas de locuciones humanas

•   Tecnología de inferencia ultra-rápida con compresión de voz realista

Pero lo que importa para ti es esto:

→ Cuanto más humano sea el texto, más humana será la voz.

2.7. Qué puedes y qué no puedes hacer con ElevenLabs

Acción	¿Se puede?
Imitar una voz real con tu permiso	☑ Sí, con tu consentimiento y grabaciones
Generar suspiros o ruidos vocales	⚠ A veces, según el texto y voz
Leer onomatopeyas con naturalidad	☑ Si están bien escritas
Hablar como un personaje animado	☑ Con ajustes de tono y estilo
Sonar como un humano al 100% en vivo	✖ Aún no, pero casi

2.8. ¿Por qué a veces suena robótico?

Aunque ElevenLabs es líder en naturalidad, suena mal cuando:

- El texto es demasiado largo sin puntuación

- No hay pausas ni saltos de línea

- Se usan muchas palabras técnicas seguidas

- Se abusa de mayúsculas o signos de exclamación

- El estilo está mal configurado (por ejemplo, demasiado "stable")

Por eso, entender cómo funciona por dentro te permite escribir mejor desde fuera.

2.9. ¿Cómo "aprender" la personalidad de la voz?

Aunque ElevenLabs no tiene consciencia, sí puede emular un estilo coherente de personalidad si tú lo defines:

- ¿Esta voz es pausada y suave?

- ¿Es rápida, impaciente, chispeante?

- ¿Es vulnerable, fuerte, irónica?

Cada parámetro y cada fragmento de texto ayuda a reforzar ese "personaje sonoro".

Lo esencial del Capítulo 2

ElevenLabs no es un lector. Es un actor virtual.

Y cuanto más entiendas cómo interpreta el texto, más real será tu resultado.

Usarlo sin saber esto es como intentar tocar una sinfonía con una partitura rota.

Pero con lo que ya sabes, puedes hacer que cada palabra suene como un pensamiento vivido.

✏️ CAPÍTULO 3 — Redacción de guiones que suenan humanos

"La voz que emociona no nace de una tecnología perfecta.

Nace de un texto imperfectamente humano."

3.1. Introducción: el texto como esqueleto de la voz

Muchos piensan que el secreto de una voz IA realista está en la tecnología. Y sí, en parte lo está.

Pero lo que marca la diferencia real es cómo está escrito el texto que esa IA va a leer.

Un texto plano genera una voz plana.

Un texto emocional genera una voz que emociona.

La buena noticia es esta: puedes escribir para la voz como si fuera un actor.

Y si entiendes cómo redactar con ritmo, intención y emoción, cualquier voz IA —como ElevenLabs— se convierte en una experiencia sonora memorable.

3.2. Principio clave: escribir como si estuvieras hablando

Este es el punto de partida para cualquier guion que quieras que suene natural.

🔖 Regla de oro: "No escribas para que se lea bien. Escribe para que se oiga bien."

Eso implica que el lenguaje debe ser:

• Conversacional

• Cercano

• Rítmico

• Incompleto en ocasiones

• Lleno de pausas, vacilaciones, y frases que parecerían "improvisadas"

3.3. Estructura de un guion emocional

Un buen guion para voz IA debe sonar como si alguien estuviera pensando en voz alta.

Para eso, cada bloque de texto debe tener:

1.   Inicio directo (enganche o pensamiento espontáneo):

Ej: "Vale… esto es algo que no suelo contar."

2.   Desarrollo en bloques de 2-3 frases:

Evita párrafos largos. Rompe el ritmo como en una conversación real.

3.   Inserción de muletillas controladas:

Ej: "Mmmm… no sé, ¿sabes?" o "Bueno… ya sabes cómo va esto."

4.   Preguntas retóricas o íntimas:

Ej: "¿Te ha pasado alguna vez?"

5.   Cierre con reflexión o emoción (pero sin dramatismo):

Ej: "Y sí… creo que por eso me marcó tanto."

Este patrón básico hace que la IA no suene a narrador, sino a persona real contando algo personal.

3.4. Técnicas avanzadas para guiones hiperrealistas

1. Frases incompletas con intención

Es normal en la voz humana cortar ideas. Úsalo.

Ejemplos:

- "Y entonces... no sé. Me quedé en blanco."

- "Eso fue… fue demasiado."

- "No puedo explicarlo con palabras, pero... lo sentí."

2. Uso de conjunciones al inicio

Empezar frases con "Y", "Pero", "Aunque" añade dinamismo.

- "Y sí… fue difícil."

- "Pero eso no fue todo."

- "Aunque claro… después lo entendí."

17

3. Saltos de ritmo narrativo

No todo debe sonar a bloque perfecto. Una mezcla de frases largas y cortas genera ritmo sonoro.

Ejemplo:

"Me senté. Miré al suelo. Respiré.

Y ahí fue cuando lo entendí todo."

3.5. Errores comunes al redactar para IA

• Demasiado técnico: la IA no interpreta emociones si el texto es solo informativo

• Frases largas sin pausas: generan una voz mecánica

• No usar signos de puntuación emocional: los puntos suspensivos, las comas intencionales o los guiones marcan diferencia

• Escribir como para un artículo de blog: los textos de lectura visual no funcionan igual que los de lectura sonora

---

3.6. Cómo insertar muletillas y naturalidad real

Las muletillas no son errores. Son vehículos de humanidad.

Ejemplos útiles y cómo usarlas:

Muletilla	Contexto emocional	Ejemplo
Mmmm…	Duda, reflexión	"Mmmm… no sé si debería contarlo."
Bueno…	Transición, pausa	"Bueno… la cosa fue así."
A ver…	Preparación, foco	"A ver… ¿por dónde empiezo?"
Ya…	Afirmación resignada	"Ya… lo sé. Fue duro."
Ufff…	Carga emocional	"Ufff… todavía me cuesta decirlo."
¿Sabes?	Conexión, complicidad	"Eso… eso fue lo que dolió, ¿sabes?"

La clave está en no abusar. 1 cada 4-5 frases es más que suficiente.

3.7. Cómo escribir emociones sin decir la emoción

La emoción no se nombra. Se transmite por cómo está escrito el texto.

Ejemplo A (plano):

"Estaba muy triste."

Ejemplo B (emocional):

"Abrí el cajón… y todo seguía ahí, como lo había dejado.

Me quedé mirando en silencio.

Y, por un segundo, pensé en volver a cerrarlo y olvidarlo todo."

El segundo caso no dice que está triste.

Lo transmite. Y por eso suena humano.

3.8. Adaptación por tipo de contenido

🎥 Reels / TikTok:

- Frases de 4-6 palabras

- Tonos exagerados o teatrales

- Uso de expresiones como "OMG", "madre mía", "literal"

🎙 Podcast emocional:

- Tono íntimo

- Frases de 10-15 palabras

- Lento, reflexivo, casi poético

📞 Audios de WhatsApp:

- "Eh… ¿tienes un minuto?"

- "Lo que pasa es que…"

- "No sé si me explico, pero…"

📐 Contenido de marca:

- Natural, pero profesional

- Tono entre cercano y confiable

- Frases como: "Queríamos contarte esto de otra forma."

3.9. Estructura avanzada para contenido emocional

1.   Frase de anzuelo emocional: "Hay días que no se olvidan."

2.   Silencio (tres puntos o salto): "…"

3.   Revelación suave: "Lo que pasó aquel 9 de enero aún me pesa."

4.   Narrativa en 1ª persona con pausas y detalles sensoriales

5.   Cierre vulnerable o empático: "Y no lo cuento para dar pena.

Lo cuento porque… sé que no soy el único."

3.10. Cómo probar si tu texto suena humano

☑ Léelo en voz alta tú mismo.

¿Te suena creíble o forzado?

☑ Grábalo con tu móvil sin IA.

¿Suena a ti o a un robot?

☑ Haz que alguien lo lea sin saber el contexto.

¿Le suena natural o raro?

Si cualquiera de esas pruebas falla… reescribe.

Porque la voz IA solo suena humana si el texto también lo es.

Lo esencial del Capítulo 3

No necesitas ser escritor para crear un texto que suene humano.

Solo necesitas dejar de escribir como si tuvieras que impresionar.

Y empezar a escribir como si estuvieras contando algo importante,

a alguien que te importa,

en una habitación real,

donde no hay guiones…

solo verdad.

🎙 CAPÍTULO 4 — Muletillas, silencios y expresividad IA

"La perfección no crea conexión. Las imperfecciones vocales son lo que nos hace reales."

4.1. Introducción: ¿por qué necesitamos imperfecciones en la voz?

Cuando una voz IA suena perfecta —sin errores, sin pausas, sin respiraciones, sin dudas—, automáticamente nuestro cerebro detecta que no es humana.

La perfección excesiva no emociona.

La imperfección controlada conecta.

Por eso, para construir una voz realista con ElevenLabs, necesitas aprender a provocar:

- Muletillas naturales

- Pausas incómodas o reflexivas

- Vacilaciones

- Cambios de ritmo inesperados

- Momentos de silencio emocional

Estos pequeños "errores" no son fallos. Son herramientas narrativas.

4.2. ¿Qué son las muletillas y por qué son esenciales?

Muletillas son esas palabras o sonidos que insertamos en el habla de forma inconsciente para:

- Rellenar silencios

- Ganar tiempo para pensar

- Mostrar inseguridad, emoción o cercanía

Y son universales: todos, absolutamente todos, las usamos.

4.3. Tipos de muletillas que puedes usar en ElevenLabs

Hay varios tipos de muletillas que puedes simular escribiendo correctamente tu texto.

📌 Muletillas de tiempo:

- "Eh…"

- "Mmm…"

24

- "Este…"

- "A ver…"

Se usan cuando estamos buscando palabras o dudando.

✤ Muletillas de transición:

- "Bueno…"

- "En fin…"

- "Así que…"

Se usan para cambiar de tema o hacer una pausa elegante.

✤ Muletillas de conexión emocional:

- "¿Sabes?"

- "¿Me explico?"

- "¿Vale?"

Se usan para buscar complicidad con quien escucha.

✤ Muletillas expresivas:

- "Ufff…"

- "Ay…"

- "Madre mía…"

Se usan para expresar sentimientos fuertes de forma espontánea.

4.4. Cómo insertar muletillas de manera natural en tus guiones

No basta con escribir la muletilla. Debes colocarla en el momento emocional correcto.

Ejemplo correcto:

"Mmm… no sé si debería contarlo, pero… aquí va."

Ejemplo incorrecto:

"No sé si debería contarlo pero Mmm aquí va." (pierde realismo)

Las reglas de oro:

• Siempre seguidas de una pausa o una nueva frase

• Mejor al principio o a mitad de oración, nunca al final

• No abusar: 1 muletilla cada 4-6 frases es suficiente

4.5. Cómo provocar silencios naturales en ElevenLabs

En la comunicación real, los silencios son tan importantes como las palabras.

Para insertar silencios efectivos:

Tipo de silencio Cómo simularlo en el texto

Silencio breve   Escribir tres puntos ...

Silencio medio   Saltar una línea

Silencio largo   Escribir ... y luego salto de línea

✦ Ejemplo de silencio breve:

"No sé... Quizá tengas razón."

Sonará como una pausa natural de reflexión.

✦ Ejemplo de silencio medio:

"Estaba pensando.

Y entonces lo vi."

Suena como una pausa para respirar o cambiar de idea.

✦ Ejemplo de silencio largo:

"No fue fácil.

...

Pero mereció la pena."

Este tipo de pausa genera suspense o énfasis emocional.

4.6. Técnicas avanzadas de silencios emocionales

Para generar más profundidad emocional:

•   Después de preguntas íntimas:

"¿Te ha pasado alguna vez...?

Que no sepas qué hacer."

• Antes de una revelación fuerte:

"Y entonces...

Entendí que no todo era culpa mía."

• Después de confesiones dolorosas:

"Le fallé.

Y eso... me sigue persiguiendo."

4.7. Cómo provocar variaciones de ritmo en voz IA

La gente no habla siempre al mismo ritmo.

A veces aceleramos. A veces ralentizamos.

Para simular esto:

• Frases cortas = aceleración

• Frases largas = ralentización

• Saltos de línea = cambio de velocidad

 Ejemplo:

"Corrí. Corrí como nunca.

Me dolían las piernas.

Me ardía la garganta.

Pero no paré."

Aquí, la primera parte sonará rápida; el salto de línea ralentiza la segunda parte.

4.8. Cómo insertar pequeños errores vocales para sonar aún más humano

Sí, incluso puedes simular "fallos" pequeños en la voz para humanizarla.

•   Usar frases inacabadas:

"Y luego… bueno, no sé."

•   Cortar ideas a mitad:

"Quería decírselo pero… no pude."

•   Repetir palabras (muy ligeramente):

"Fue… fue horrible."

ElevenLabs no tiene función de error natural automática aún, pero puedes forzarlo diseñando el texto así.

4.9. Cómo combinar muletillas + silencios + errores para lograr una voz hiperrealista

Un guion perfecto para sonar 100% humano debería combinar:

☑ 1 muletilla cada 4-6 frases

☑ 1 silencio breve cada 3-5 frases

☑ 1 error vocal (frase cortada, repetición) cada 2-3 bloques de contenido

📌 Ejemplo de fragmento realista completo:

"No sé…

(pausa)

Bueno, sí. Quizá... (duda)

A ver… ¿cómo lo explico?

Fue… fue como perderme a mí mismo."

Este tipo de guiones suena como una confesión real de una persona real, no como un discurso preparado.

4.10. Los matices que hacen humana una voz

Más allá de las palabras, los detalles sutiles que puedes controlar en ElevenLabs:

• Ritmo cambiante

• Subidas y bajadas de entonación emocional

• Intensidad en ciertos fragmentos

• Pausas estratégicas de 1-2 segundos

• Textura emocional (suspiros, titubeos)

Con práctica, puedes escribir un texto donde cada respiración parezca una emoción.

Lo esencial del Capítulo 4

La verdadera emoción está en las imperfecciones.

Una voz que duda, que respira, que se interrumpe a sí misma... es una voz que se siente viva.

ElevenLabs no solo puede sonar humano.

Puede sonar como un ser humano contando algo que realmente le importa.

Si tú escribes como si te importara,

la voz lo hará también.

🗣️ CAPÍTULO 5 — Cómo clonar tu voz real con ElevenLabs

"Si una marca tuviera alma, sonaría como su voz.

Y si tú eres esa marca, entonces tu voz es tu activo más valioso."

🧩 5.1. Introducción: ¿por qué clonar tu propia voz?

En la era de los asistentes virtuales, los vídeos automatizados y los contenidos generados por inteligencia artificial, tu voz puede convertirse en tu sello personal más potente.

Clonar tu voz no es solo una herramienta técnica.

Es una forma de:

- Liberarte de tener que grabarte todo el tiempo
- Mantener una coherencia perfecta en todos tus contenidos
- Delegar sin perder autenticidad

- Crear un "yo" sonoro que sigue trabajando incluso cuando tú no estás

Y lo más interesante: tu voz clonada no tiene límites de tiempo, cansancio, errores ni nervios.

🎯 5.2. ¿Qué se puede hacer con una voz clonada?

Con tu voz clonada profesionalmente, puedes:

- Crear podcasts automáticos con tus ideas

- Grabar vídeos sin usar micrófono

- Responder audios de WhatsApp sin tener que hablar

- Grabar clases o formaciones en múltiples idiomas

- Narrar libros, artículos, campañas, landing pages

- Automatizar respuestas personalizadas en tu tono

- Multiplicar tu presencia en redes sin desgastarte

Es como tener un asistente invisible que habla por ti con tu alma.

⚠️ 5.3. Aspectos legales y éticos antes de clonar tu voz

Antes de clonar tu voz (o la de otra persona), es fundamental entender que esto es un proceso sensible a nivel legal y emocional.

☑ Reglas básicas que debes seguir:

1. Solo clona tu voz o la de personas que te hayan dado consentimiento escrito.

2.   No uses la voz clonada para manipular, mentir o hacer pasar contenido por real sin aviso.

3.   Declara claramente en tus contenidos si estás usando voz clonada, especialmente en entornos educativos, médicos o informativos.

4.   No subas voces de famosos, políticos, artistas, etc., sin licencia oficial o te expones a problemas legales serios.

5.   Protege tu clon como protegerías tu firma. No lo compartas públicamente.

La clonación vocal es una herramienta poderosa, y como toda herramienta poderosa, puede hacer mucho bien… o mucho daño.

Todo depende de cómo la uses.

🔧 5.4. Paso a paso para clonar tu voz con ElevenLabs

Ahora sí. Vamos al grano.

🛠️ Requisitos mínimos:

•   Una cuenta en ElevenLabs (plan pago con función de "VoiceLab")

•   5 a 30 minutos de grabación de tu voz limpia

•   Un micro decente o grabación de móvil sin ruido de fondo

•   Textos variados para leer (no solo frases monótonas)

📷 PASO 1: Graba tu voz en condiciones óptimas

•   Encuentra un sitio silencioso (sin ventiladores, tráfico ni eco)

35

- Usa una app como Voice Recorder, Notas de Voz o Audacity

- Habla de forma natural, clara, sin prisas ni exageración

- Graba mínimo 5 minutos, pero lo ideal es entre 10 y 30

- Mezcla tipos de texto:

o Conversacional ("Hola, ¿cómo estás?")

o Narrativo ("El día empezó como cualquier otro…")

o Reflexivo ("A veces me pregunto si…")

o Comercial ("Descubre la nueva forma de…")

⚠️ No leas como un robot. Lee como tú mismo.

📃 PASO 2: Sube tu voz a ElevenLabs

1. Ve a https://elevenlabs.io/

2. Accede a tu cuenta con suscripción (los planes gratuitos no permiten clonar)

3. En el menú lateral, entra a "VoiceLab"

4. Haz clic en "Add Voice"

5. Asigna un nombre (ej: "Mi Voz Real")

6. Adjunta el archivo de audio grabado

7. Espera a que procese (puede tardar entre 2 y 15 minutos)

🔧 PASO 3: Configura tu voz clonada

Una vez que tu voz está lista, podrás:

- Usarla para convertir cualquier texto en voz

- Ajustar Stability, Style Exaggeration y Clarity Boost

- Probar frases simples para evaluar la naturalidad

🎯 Recomendación: haz pruebas con textos que sueles usar tú.

Ejemplo:

- "Ey, ¿cómo estás? Hoy quería contarte algo rápido."

- "Vale… esto me ha dejado un poco loco."

- "Mmm… no sé si debería decir esto, pero…"

Estas frases ayudan a verificar si la voz mantiene tu forma de expresarte, no solo tu timbre.

🔲 5.5. Cómo ajustar los parámetros para que tu voz suene como tú

Los tres controles principales son:

Stability

- Bajo (0–30): más impredecible, emocional, viva

- Alto (70–100): más firme, constante, profesional

✓ Úsalo bajo si haces contenido personal

✓ Súbelo si harás vídeos educativos o comerciales

Style Exaggeration

- Bajo (0–0.5): neutral, menos expresivo

- Medio (0.8–1.2): realista con emoción

- Alto (1.5+): narrativo, estilo influencer o actor

✓ Ajusta según el tipo de contenido que generes

Clarity Boost

- Alto: para palabras técnicas, claridad, precisión

- Bajo: para sonido más natural y menos robótico

Combinaciones sugeridas:

Estilo de contenido	Stability	Style Exaggeration	Clarity Boost
Storytelling íntimo	30	1.5	80
Podcast educativo	60	1.0	100
Influencer / Reels	20	1.7	90
Testimonio realista	40	1.2	85

5.6. Cómo detectar si tu clon necesita mejoras

Si tu voz clonada suena "extraña", revisa:

- ¿Grabaste con ruido de fondo?

- ¿Usaste textos variados o solo frases neutras?

- ¿Leíste con emoción o como robot?

- ¿El archivo tiene pausas, risas, expresiones naturales?

📌 Consejo: cuanto más te suenes a ti mismo en la grabación original, mejor se comportará el clon.

🗨 5.7. ¿Qué pasa si mejoras tu voz original?

Puedes repetir el proceso.

- Haces un nuevo set de grabaciones

- Lo subes como un nuevo clon (ej: "Mi Voz 2.0")

- Comparas resultados y te quedas con el mejor

Incluso puedes tener diferentes versiones de tu voz:

- Una profesional y pausada para cursos

- Una más "callejera" o cercana para reels

- Una versión más poética o íntima para audiolibros

🔁 5.8. Cómo mantener tu voz consistente a lo largo del tiempo

Cuando ya tienes tu clon funcional:

- Usa SIEMPRE los mismos parámetros si vas a producir una serie de vídeos o episodios

- Guarda una "hoja de configuración" con tu estilo y frases típicas

- Crea una "plantilla de apertura y cierre" con frases que tu audiencia reconozca

Esto crea lo que se llama una identidad sonora de marca:

Tu voz no solo es una herramienta, es un canal emocional con tu audiencia.

🗨 5.9. Casos reales de uso de voz clonada

1.   Coach de desarrollo personal:

o   Clona su voz para crear micro-píldoras diarias de motivación

o   Usa frases como: "Respira. Estás haciendo lo mejor que puedes."

2.   Influencer de moda:

o   Narra sus vídeos diarios sin grabar audio

o   "Vale, este look… lo amamos o lo odiamos. No hay punto medio."

3.   Terapeuta emocional:

o   Crea audios de acompañamiento para pacientes entre sesiones

o   "Estás aquí. Respira. Vamos a sostener este momento juntos."

4.   Formador online:

o   Graba cursos completos con su voz sin necesidad de estudio

o   Aumenta el número de lanzamientos sin agotarse

Lo esencial del Capítulo 5

Tu voz es única.

Y ahora, puedes tenerla disponible 24/7, editable, reproducible, escalable y emocionalmente coherente.

Clonar tu voz no es un atajo.

Es una expansión de tu presencia y de tu autenticidad.

Y si lo haces con cuidado, ética y emoción…

tu voz seguirá trabajando incluso cuando tú descanses.

🔡 CAPÍTULO 6 — Guía técnica de edición de voz IA para sonar humano

"Una buena voz IA no solo se genera, se esculpe.

Y la diferencia entre sonar como una máquina… o como un ser humano, está en la edición."

🎬 6.1. Introducción: la importancia de postproducir incluso una voz IA

ElevenLabs genera voces impresionantes desde el texto. Pero el trabajo no termina allí.

Como en cualquier producción audiovisual o sonora, el resultado final se logra cuando aplicas una capa de edición profesional que pule, refuerza y humaniza el audio generado.

👉 Incluso la mejor voz clonada puede sonar artificial si no se edita con intención.

43

💼 6.2. Herramientas necesarias para editar voz IA

Antes de entrar en técnicas, necesitas conocer las herramientas ideales para trabajar con audios generados por ElevenLabs.

Herramienta	Tipo	Nivel de dificultad	Uso principal
Audacity	Gratuita	Fácil–Intermedio	Edición básica, limpieza, mezcla
Descript	Freemium	Fácil–Medio	Edición visual, automatizada
Reaper	Pago	Avanzado	Mezcla profesional, automatización, control
Adobe Audition	Pago	Avanzado	Estándar de industria para postproducción
GarageBand (Mac)	Gratuita	Fácil	Edición creativa e intuitiva
Camtasia / CapCut	Edición de vídeo	Fácil	Para sincronizar voz con vídeo

Mi recomendación: empieza con Audacity si nunca has editado, o con Descript si prefieres trabajar como si editaras texto.

🧀 6.3. El flujo básico de edición de voz IA

1.   Importar el audio generado por ElevenLabs

2.   Cortar errores, espacios vacíos o silencios excesivos

3.   Aplicar ecualización suave

4.   Comprimir para darle cuerpo

5.   Normalizar el volumen a un nivel constante (-1.0 dB o -3.0 dB)

6.   Añadir ambiente, reverberación o fondo si es necesario

7.   Exportar el resultado final en WAV o MP3 (320kbps)

🎛️ 6.4. Ecualización: cómo dar profundidad y presencia a tu voz IA

Ecualizar es modificar las frecuencias del audio para que suene más cálido, cercano, profesional o "humano".

Las voces generadas por IA a veces suenan demasiado limpias o carentes de textura emocional. Por eso necesitas aplicar ecualización para lograr:

•   Mayor cuerpo (frecuencias graves)

•   Más claridad (frecuencias medias-altas)

•   Menos frialdad robótica (reduciendo agudos o extremos)

🎚️ Curva de ecualización recomendada (general)

Frecuencia	Acción	Resultado
80–150 Hz	Subir ligeramente	Da cuerpo, suena más "humano"

250–500 Hz	Reducir muy poco	Elimina "caja" o sonido artificial
1–2.5 kHz	Realzar con cuidado	Mejora la inteligibilidad
4–7 kHz	Subir suave	Añade presencia sin forzar
10k+ Hz	Reducir un poco	Evita sonido metálico o sintético

Consejo práctico: usa ecualizadores paramétricos (como el de Audacity o Reaper) y escucha con cascos.

Ajusta mientras escuchas partes de habla emocional y reflexiva.

🧊 6.5. Compresión: el truco para que todo suene igual de potente

Una voz humana tiene variaciones de volumen: susurros, gritos, pausas.

ElevenLabs lo simula bastante bien, pero a veces necesitas igualar esos volúmenes para que no se pierdan partes importantes.

Aquí entra el compresor.

¿Qué hace?

• Reduce los picos más altos

• Sube los fragmentos más bajos

• Iguala todo el rango vocal

Valores estándar para voz:

Parámetro   Valor recomendado

Threshold   -12 dB

Ratio   3:1 o 4:1

Attack   10 ms

Release 100 ms

Gain make-up   +2 dB

Evita comprimir demasiado. Si todo suena igual, pierde humanidad. Busca equilibrio, no perfección.

6.6. Normalización: asegurarte de que tu voz se escuche bien en todas partes

Después de ecualizar y comprimir, normaliza tu pista de audio.

Esto no cambia la forma del sonido, solo ajusta el volumen global al nivel máximo sin distorsión.

•   En Audacity: Efectos → Normalizar → -1.0 dB

•   En Reaper: Item properties → Normalize item gain → -1.0 dB

•   En Descript: Loudness settings → -14 LUFS (estándar para podcast)

Esto hará que tu voz se escuche bien en:

•   WhatsApp

•   Instagram Reels

•   YouTube

•   Spotify

•   Correos de audio

6.7. Añadir "aire" a tu voz: reverberación, suspiros y ambiente

La voz humana no vive en el vacío.

Está en una habitación, un parque, una sala, un coche.

Para simular eso, puedes añadir:

🎧 Reverberación suave

Usa una reverb pequeña para dar espacio a la voz, como si estuviera en una sala o habitación.

- Room size: 15%

- Decay: 1.2 segundos

- Mix: 10–20%

🔲 Ruido de fondo emocional

Puedes insertar un fondo ambiental muy suave:

- Brisa suave = introspección

- Café o librería = calidez

- Ecos lejanos = profundidad dramática

😌 Suspiros, respiraciones, silencios

Puedes insertar intencionadamente respiraciones suaves entre frases para que la voz suene viva.

👉 Descárgalos de bibliotecas como Zapsplat.com o Freesound.org

O grábate a ti mismo suspirando con tu móvil.

✏️ 6.8. Cómo mezclar tu voz IA con efectos y música sin perder naturalidad

Muchos creadores cometen el error de colocar música encima de la voz sin mezclarla bien.

Resultado: la IA suena robótica, lejana o poco clara.

🎼 Guía básica de mezcla:

1.   Baja la música a -18 o -20 dB

2.   Aplica un ecualizador a la música para quitar frecuencias entre 1–2.5 kHz

3.   La voz siempre debe ser el canal más fuerte

4.   Usa fades (fundidos) suaves entre secciones

🎧 ¿Qué tipo de música funciona mejor?

Tipo de contenido	Música recomendada
Podcast emocional	Piano suave, pads, ambient
Reels o Shorts	Lo-fi, percusiones, electrónica
Audiolibro	Nada o solo al inicio y fin
Contenido corporativo	Cinemática suave, cuerdas, sintetizadores

🎯 Evita beats agresivos si estás haciendo algo emocional o íntimo.

Y no uses música libre de derechos genérica. Elige piezas con identidad sonora.

✄ 6.9. Efectos avanzados para creadores expertos

Si ya manejas DAWs (Digital Audio Workstations) como Reaper o Adobe Audition, puedes ir más allá:

•   Duplicar pista de voz y aplicar delay muy corto (10–15 ms) para generar profundidad

•   Automatizar volumen por secciones (para enfatizar frases clave)

•   Usar sidechain compression: baja el volumen de la música cuando entra la voz

•   Insertar "delay emocional" en frases clave ("...te juro... que aún me tiembla la voz" → con eco)

Estos efectos bien aplicados engañan al oído y convencen al corazón.

▣ 6.10. Revisión final antes de exportar

Antes de exportar el archivo, escucha el audio entero con cascos y con altavoz externo.

Hazte estas 5 preguntas:

1.   ¿Siento que alguien me está hablando de verdad?

2.   ¿La voz tiene momentos de respiración o humanidad?

3.   ¿Hay alguna parte que suena robótica?

4.   ¿El volumen es consistente?

5.   ¿Puedo imaginarme la escena donde esta persona me está hablando?

Si la respuesta a 4 o más es sí, entonces el audio está listo para ser publicado.

💡 6.11. Ejemplo real de proceso completo

Paso 1: Genero el texto en ElevenLabs

"Vale… esto es algo que no suelo contar. Pero me pasó.

Y lo comparto por si a alguien le sirve."

Paso 2: Exporto el audio en WAV

Paso 3: Importo en Audacity

• Aplico ecualización: subo graves, bajo agudos

• Comprimido con ratio 3:1

• Inserto reverberación suave

• Normalizo a -1.0 dB

• Inserto una respiración descargada entre "vale…" y "esto"

Paso 4: Exporto como MP3 320kbps y WAV

🔊 Resultado: una voz que suena como un amigo reflexionando, no como una máquina recitando.

🗨 6.12. Recursos y plantillas de mezcla que puedes usar

Puedes crear y guardar presets de edición para no repetir el proceso cada vez.

• Audacity: puedes exportar tu curva de EQ, compresor y normalizador como un solo preset

• Reaper: puedes crear cadenas de efectos para aplicar con un clic

- Descript: puedes crear una "sonic template" y duplicarla para cada audio nuevo

🎁 Bonus: Te recomiendo guardar tus configuraciones así:

- Podcast íntimo – voz IA natural

- Reel explosivo – voz IA + beat + cortes

- Story de WhatsApp – voz cruda + respiración

Lo esencial del Capítulo 6

La voz IA es una materia prima poderosa.

Pero la magia ocurre cuando la editas con intención.

Cada ajuste, cada silencio, cada suspiro añadido…

convierte lo sintético en real.

Y si aprendes a mezclar bien, tu voz IA no solo sonará profesional.

Sonará como tú, en tu mejor versión.

🎙 CAPÍTULO 7 — Cómo crear un podcast con ElevenLabs que parezca real

"Un podcast no es solo una voz.

Es una atmósfera, una conversación, una experiencia que respira contigo."

🎧 7.1. Introducción: el renacimiento del audio como formato emocional

En un mundo lleno de pantallas, la voz vuelve a conectar desde un lugar profundo.

Los podcasts se han convertido en uno de los canales más íntimos, personales y transformadores para creadores, marcas, influencers y emprendedores.

¿Por qué?

Porque permiten que una persona entre literalmente en los oídos de otra… y hable durante minutos o incluso horas sin interrupción visual.

Y cuando combinas el poder del podcast con ElevenLabs, puedes:

•   Crear un programa completo sin necesidad de grabarte

•   Mantener tu voz consistente en todos los episodios

•   Delegar producción sin perder autenticidad

•   Multiplicar tus canales sin multiplicar tu tiempo

Pero hay un problema:

si suena artificial, la magia desaparece.

Por eso este capítulo te enseñará a crear un podcast que suene 100% humano usando voz IA.

🧱 7.2. Estructura básica de un podcast emocional

Un podcast no es simplemente una serie de audios seguidos.

Un buen podcast tiene una estructura emocional que guía al oyente.

Aquí te doy una plantilla adaptable:

1.   Apertura con intención humana

o   Voz cálida

o   Muletilla o pausa real

o   Presentación cercana

👉 "Vale… antes de empezar, quiero decir algo rápido. Esto es importante."

2.   Presentación del episodio

o   Título, breve resumen

o   Objetivo emocional

👉 "Hoy no vengo a darte consejos. Hoy vengo a contarte algo que me cambió."

3.   Bloque de contenido (historia, reflexión, enseñanza)

o   Usa ritmo emocional

o   Incluye frases cortadas, silencios, dudas

o   Usa lenguaje oral: "eh", "mmm", "ya…"

4.   Mini pausa emocional o musical

o   Cambio de bloque

o   Oportunidad para respirar y conectar

5.   Segundo bloque (ejemplo, desarrollo, impacto)

o   Profundiza en lo emocional

o   Cierra ideas

o   Invita a la reflexión

6.   Llamado a la acción suave (CTA humano)

o   No suenes comercial

o   Habla como si hablaras con un amigo

👉 "Y si esto te resonó… escríbeme. Me encantará saberlo."

7.	Cierre sincero y silencioso

o	Pausa

o	Agradecimiento

o	Silencio final (2–3 segundos)

🗣 7.3. Cómo redactar un guion de podcast que suene real

Regla fundamental:

Escribe como hablas. Corrige como locutor. Edita como editor de emociones.

Tu guion debe tener:

☑ Frases cortas y rítmicas

☑ Saltos de línea frecuentes

☑ Muletillas intencionadas (no forzadas)

☑ Preguntas abiertas

☑ Momentos de silencio sugeridos (... o saltos de línea)

🎤 Ejemplo de guion natural para IA (voz emocional):

"¿Sabes qué es lo que más me dolió...?

No fue lo que me hizo.

Fue lo que no me dijo nunca."

Pausa.

"Y bueno… ya sabes cómo son esas cosas, ¿no?"

Esto suena a podcast íntimo, no a locución publicitaria.

7.4. Elección de voz IA para podcast: ¿qué voz representa tu energía?

En ElevenLabs puedes elegir voces de distintos estilos:

• Masculinas profundas y reflexivas

• Femeninas suaves y empáticas

• Juveniles dinámicas

• Neutras cálidas y confiables

• Versiones clonadas (tu propia voz real)

📌 Pregúntate:

• ¿Cómo quiero que se sienta mi oyente al escucharme?

• ¿Qué tono encaja con mi contenido? ¿Introspectivo o explosivo?

• ¿Voy a clonar mi voz o prefiero una voz "personaje"?

Recomendación:

Haz 3 pruebas. Escucha con cascos. Elige la que te emocione a ti.

⚙ 7.5. Parámetros ideales para un podcast con ElevenLabs

Parámetro   Valor recomendado

Stability 35–60 (natural, con variaciones)

Style Exaggeration   1.2–1.6 (emocional, expresivo)

Clarity Boost   85–100 (voz clara sin sonar robótica)

Voice Settings   Natural (sin efectos robot ni alteraciones extremas)

📏 Consejo: nunca uses máximo estilo + mínimo stability: puede sonar demasiado exagerado o desordenado.

🧠 7.6. Cómo simular emoción, silencio y vulnerabilidad en el podcast

Esto se logra con guion + parámetros + edición.

Trucos del guion:

- Usa ... para pausas dramáticas

- Inserta frases incompletas:

"Y entonces… no sé. Me quedé sin palabras."

- Repite palabras con intención:

"Fue… fue un día complicado."

- Haz preguntas retóricas:

"¿Tú también lo has sentido alguna vez?"

Trucos de edición:

- Inserta respiraciones suaves reales

- Aplica reverberación sutil para dar profundidad

- Usa música ambiental ligera (no loops agresivos)

7.7. Cómo crear una intro y outro que se conviertan en tu "marca auditiva"

Una buena intro de podcast no tiene que ser larga ni musicalmente épica.

Tiene que ser reconocible emocionalmente.

Ejemplo: "Hola, soy Clara… y esto es Espacios Vacíos. Un podcast para escucharte por dentro."

Acompañado de un piano suave y una respiración real, esto queda grabado en la memoria del oyente.

Tu final puede ser igual de simple:

"Gracias por quedarte. Nos oímos en el siguiente. Cuídate mucho."

🎯 Consejo: usa siempre la misma frase de cierre. Genera rutina emocional.

7.8. ¿Qué tipo de contenido emocional funciona mejor en podcast IA?

Los géneros que mejor encajan con voz IA son:

Tipo de contenido	Ejemplo de voz IA ideal
Reflexión íntima	Voz pausada, femenina o masculina suave
Cuentos y ficción emocional	Voz narrativa, emocional, profunda
Historias reales	Voz confiable, con silencios y vacilaciones
Testimonios personales simulados	Voz con repetición, errores suaves

Mensajes breves estilo audio personal	Voz tipo WhatsApp, con "eh", "mmm", "vale…"

🎯 Importante: evita humor forzado o sarcasmo muy agudo. La IA aún no lo interpreta bien.

🧬 7.9. ¿Y si quiero que parezca que el podcast está grabado en vivo?

Puedes simular un podcast "grabado al momento" con estas claves:

•   Usa muletillas y expresiones tipo:

"A ver… estoy improvisando, pero…"

"No sé si tiene sentido lo que digo…"

•   Inserta silencios reales

•   Añade ligeras respiraciones con diferentes duraciones

•   Usa efectos de "ambiente vivo" (eco, ruido leve, incluso pisadas)

🔊 También puedes insertar efectos como si alguien bebiera agua, cambiara de postura o suspirara fuerte.

Todo esto genera presencia y realismo.

🎙 7.10. Producción por lotes: cómo grabar 10 episodios en una mañana

Gracias a ElevenLabs y una estructura de trabajo clara, puedes crear 10 episodios completos en 3–4 horas.

Plan:

1.   Escribe 10 guiones de 2–3 minutos cada uno (500–700 palabras)

2.   Carga cada guion en ElevenLabs

3.   Ajusta parámetros por tipo de episodio

4.   Descarga los audios en WAV o MP3

5.   Edita:

o   Añade intro/outro

o   Corrige volumen

o   Inserta música de fondo

6.   Sube todo a tu plataforma: Spotify, iVoox, Anchor, YouTube, etc.

🎯 Consejo: usa Descript o Podcastle si quieres editar visualmente. Es más rápido.

🔗 7.11. Plataformas recomendadas para lanzar tu podcast con voz IA

Plataforma dificultad	Ventaja	Nivel de
Spotify for Podcasters	Integración sencilla	Fácil
Anchor Gratuito,	distribución automática	Muy fácil
iVoox	Ideal para público hispano	Medio
Buzzsprout	Profesional, estadísticas	Medio
YouTube (audio+imagen fija)	Gran alcance	Fácil

Pro tip: Añade subtítulos si lo subes a YouTube.

Las voces IA bien usadas son creíbles... pero los subtítulos refuerzan confianza.

💬 7.12. Casos reales: cómo creadores están usando IA para podcast

🎙️ Influencer emocional (salud mental)

• Publica audios de 2 minutos diarios con reflexiones

• Usa frases tipo: "Esto no lo suelo decir en voz alta, pero..."

• Todo hecho con voz IA, pero suena como un susurro real

🖥️ Coach de vida

• Podcast semanal de 10 minutos

• Voz clonada con ElevenLabs

• Estructura tipo: pregunta + historia + enseñanza

• Miles de oyentes sin saber que es IA

💼 Marca personal

• Lanza serie "mini ideas" con voz IA tipo reel

• 30 episodios en lote, subidos en automático

• Gana tiempo y mantiene presencia diaria sin estrés

✳ 7.13. Checklist de producción para un podcast IA perfecto

☑ Guion emocional redactado como voz real

☑ Muletillas + silencios + frases humanas

☑ Voz IA configurada (estilo, claridad, estabilidad)

☑ Intro y outro consistentes

☑ Música ambiental equilibrada

☑ Revisión de volumen y respiraciones

☑ Exportación en formato óptimo

☑ Subida con título, descripción y CTA real

Lo esencial del Capítulo 7

Hacer un podcast con ElevenLabs no es solo cuestión de pulsar "generar audio".

Es un proceso creativo, emocional y técnico que tú puedes dominar.

Y si lo haces bien, tu audiencia no preguntará si es real…

preguntará cuándo sale el siguiente episodio.

🔄 CAPÍTULO 8 — Automatización con Zapier, Notion y Google Sheets: de texto a voz IA sin tocar nada

"Automatizar no es solo ahorrar tiempo.

Es liberar tu energía creativa para lo que realmente importa."

⚙️ 8.1. Introducción: ¿por qué automatizar tu proceso de voz IA?

Si estás creando contenido con voz IA de forma frecuente, seguramente ya has notado:

- Que repetir el mismo proceso cada vez te consume horas

- Que muchas tareas son mecánicas: copiar texto, generar voz, descargar, editar

- Que tu flujo depende de que tú estés presente

Eso es insostenible si:

- Llevas un canal de YouTube con alta frecuencia

- Haces 30 reels semanales

- Produces pódcast, newsletters y cursos a la vez

- O simplemente quieres escalar sin esclavizarte

Por eso, en este capítulo vas a aprender a automatizar todo el flujo de trabajo con herramientas sencillas, visuales y gratuitas (o casi gratuitas).

Y sí: vas a poder pasar de texto escrito en Notion o Sheets → a voz IA generada en ElevenLabs → con archivos listos para usar, sin tocar el ratón.

🧱 8.2. Mapa del flujo de automatización ideal

Antes de entrar en herramientas, visualicemos el flujo ideal automatizado para un creador de contenido o una marca:

1. ✍️ Escribes tu guion en Notion o Google Sheets

2. 🔁 Se dispara un trigger automático

3. 🗣 Se envía el texto a ElevenLabs

4. 🔊 ElevenLabs genera el audio con tu voz IA

5. 💾 El archivo se descarga automáticamente a una carpeta (Google Drive, Dropbox, etc.)

6. 📲 Opcional: se publica automáticamente o se notifica por WhatsApp, email o Telegram

Este flujo puede funcionar todos los días, con 0 intervención humana, si está bien configurado.

🔧 8.3. Herramientas clave que vas a usar

Herramienta	Función	Nivel	Precio
Zapier	Automatización entre apps	Medio	Gratis con límites
Make (Integromat)	Automatización avanzada	Avanzado	Gratis hasta cierto uso
Notion	Gestor de contenido (CMS)	Fácil	Gratis
Google Sheets	Entrada de texto dinámica	Fácil	Gratis
ElevenLabs API	Generar voz IA automáticamente	Medio	Gratis con consumo limitado
Google Drive / Dropbox	Almacenamiento automático de audios	Fácil	Gratis
Pabbly Connect	Alternativa a Zapier (más barata)	Medio	De pago

También puedes usar Webhooks y herramientas como n8n.io si quieres más personalización.

📥 8.4. Preparar la fuente: guiones en Notion o Google Sheets

Primero debes definir dónde vas a escribir tu contenido para que luego se procese solo.

☑ Opción A – Usar Notion

- Crea una base de datos de guiones con estos campos:

o   Título

o   Texto del guion

o   Voz deseada (opcional)

o   Estado (Nuevo / Enviado / Publicado)

o   Fecha

- Añade una vista de tipo "Kanban" o "Lista" para ver qué se va enviando

☑ Opción B – Usar Google Sheets

- Crea una hoja con estas columnas:

o   ID

o   Texto

o   Estilo / Voz

o   Enviar (Sí / No)

o   Link al audio generado (para devolverlo)

Este será tu panel de control.

👉 Cada fila será un contenido de voz IA que se generará automáticamente.

🔑 8.5. Obtener la API Key de ElevenLabs

Para que Zapier, Make o cualquier sistema pueda conectarse con ElevenLabs, necesitas tu clave personal de API.

📌 Cómo hacerlo:

1.   Entra en tu cuenta de ElevenLabs

2.   Ve a tu perfil > API Key

3.   Haz clic en "Generate API Key"

4.   Cópiala y guárdala de forma segura

⚠️ No compartas esta clave. Da acceso completo a tu cuenta.

🤖 8.6. Configurar Zapier para enviar texto y generar voz automáticamente

Paso 1 – Crear un nuevo "Zap"

1.   Ve a Zapier

2.   Crea una cuenta si no tienes

3.   Haz clic en "Create Zap"

Paso 2 – Elegir el Trigger (evento de inicio)

•   App: Google Sheets o Notion

•   Evento: New row added o New database item

Esto significa: cuando escribes un nuevo guion, empieza la magia.

Paso 3 – Filtrar por "Enviar = Sí?"

•   Añade un paso de filtro

•   Condición: solo ejecutar si la celda "Enviar" dice "Sí" o si el estado es "Nuevo"

Paso 4 – Conectar con ElevenLabs

•   Usa Webhooks by Zapier

•   Método: POST

•   URL: https://api.elevenlabs.io/v1/text-to-speech/{voice_id}

(reemplaza {voice_id} con tu ID de voz o clon personalizado)

•   Headers:

o   xi-api-key: tu API Key

o   Content-Type: application/json

•   Body:

```
{
  "text": "{{Texto del guion}}",
  "model_id": "eleven_monolingual_v1",
  "voice_settings": {
    "stability": 0.5,
    "similarity_boost": 0.7
  }
}
```

Puedes personalizar los parámetros de estilo según tu contenido.

Paso 5 – Guardar el archivo

•   Añade un paso para guardar el archivo de audio en Google Drive o Dropbox

•   Usa el enlace de respuesta del API de ElevenLabs

✏️ 8.7. Ejemplo completo: de Google Sheets a audio final en Dropbox

Imagina que estás creando un podcast diario y solo quieres escribir el texto en una hoja y que todo lo demás ocurra solo. Este es el flujo real que puedes implementar con Zapier o Make:

◆ Paso 1: Google Sheets

En la hoja Podcast Diario, creas una fila así:

ID	Texto	Voz	Enviar	Link
1	"Hoy hablaremos de cómo dejar ir..."	clara_narrativa	Sí	(vacío)

◆ Paso 2: Zapier (trigger)

Cuando detecta "Sí" en la columna Enviar:

•   Llama a ElevenLabs

•   Envía el texto, estilo, voz

•   Espera la respuesta con el enlace del audio

◆ Paso 3: Guardar audio

•   Usa el link de descarga

•   Sube el archivo a tu carpeta en Dropbox: /Audios Generados/Podcast/

◆ Paso 4: Actualiza la hoja

•   Rellena la columna "Link" con el enlace al archivo en Dropbox

•   Cambia "Enviar" a "Hecho"

Resultado: en 1 minuto, tienes un audio en Dropbox listo para publicarse.

📥 8.8. Cómo enviar el audio generado por WhatsApp, Telegram o Email

☑ Opción A: WhatsApp Business API (avanzado)

•   Usa Twilio o 360Dialog como proveedor

•   Integra desde Make o Zapier

•   Envía el audio como archivo adjunto

•   Ideal para:

o   Audios de bienvenida

o   Minipodcast por WhatsApp

o   Automatización para clientes VIP

☑ Opción B: Email automatizado

- En Zapier, añade Gmail como app

- Envía un correo con el texto:

"Aquí tienes tu audio generado automáticamente ✦

Puedes escucharlo aquí: [enlace]"

🗨 8.9. Aplicaciones reales para negocios e influencers

Sector	Aplicación con voz IA automatizada
Marketing digital	Generar testimonios IA personalizados para landing pages
Educación online	Crear clases diarias con voz IA desde un Notion compartido
Podcasting	Automatizar contenido emocional diario sin grabarte
Coaching	Mandar "mensajes de motivación" automatizados por Telegram
Atención al cliente	Audios de bienvenida y seguimiento con tono humano
Instagram Reels	Crear 10 audios para reels al día desde un archivo compartido

Y todo sin grabar ni editar a mano. Solo escribiendo en una tabla.

📋 8.10. Organización de carpetas y flujos

Para mantener orden total en tu sistema automatizado:

En Google Drive:

- 📁 Voz Generada

o 📁 Reels

o 📁 Podcast

o 📁 Bienvenidas

o 📁 Correos

En Notion:

- Tablero con estado:

o 🟡 Nuevo

o 🔵 Procesando

o 🟢 Listo para publicar

o 🔴 Revisar audio

En Sheets:

- Hoja para cada canal

- Filtros por voz usada, tipo de contenido, fecha

Esto convierte tu producción en un sistema editorial automatizado.

🚀 8.11. Escalar: cómo automatizar contenido en lote

¿Y si quieres producir 50 audios de golpe?

1.   Crea un CSV con los 50 guiones

2.   Importa en Google Sheets

3.   Conecta a Zapier o Make

4.   Deja que corra el sistema

5.   Todos los audios se irán generando, descargando y organizando automáticamente

Puedes hacerlo cada lunes por la mañana y tener toda la semana producida.

🔄 8.12. Automatizar también la publicación

Con herramientas como:

•   Buffer / Metricool / Publer → Para Instagram, Facebook, TikTok

•   Podcastle / Spotify for Podcasters → Para podcasts

•   Notion + API de YouTube o WordPress → Para subir posts automatizados

🚀 Incluso puedes automatizar la creación de subtítulos y thumbnails usando GPT + Canva + Zapier.

🔐 8.13. Seguridad y límites

⚠️ Si automatizas con API, recuerda:

- No compartas tu API Key

- Monitoriza el uso (ElevenLabs cobra por minuto de voz generado)

- Usa solo servidores seguros o plataformas como Zapier/Make

- Revisa los archivos antes de publicar: no automatices sin revisar contenido sensible

📋 8.14. Plantilla de flujo estándar para creadores de contenido

Acción	Herramienta
Escribir contenido	Notion o Google Sheets
Activar automatización	Zapier o Make
Generar audio	ElevenLabs
Almacenar resultado	Google Drive o Dropbox
Compartir	WhatsApp / Email / Telegram
Publicar	YouTube / Spotify / Instagram

💬 8.15. Casos reales de éxito

🧘 Coach de meditación

- Tiene 150 audios programados

- Solo escribe el guion en Notion

- El sistema genera voz, guarda, y publica en Spotify

- Su voz clonada dice:

"Respira. Estás aquí. No tienes que hacer nada más ahora mismo."

👸 Educadora online

- Publica cápsulas educativas de 2 minutos

- Su equipo solo escribe los textos

- El sistema genera audios IA con voz confiable y clara

- Todo automatizado desde Google Sheets

👶 Influencer de estilo de vida

- Genera voz IA para reels diarios

- Su frase típica clonada:

"Y ya sabes… un café, una idea y a seguir."

- Nunca graba. Solo escribe.

📋 8.16. Checklist final de automatización completa

☑ API conectada y segura

☑ Texto bien escrito en tabla

☑ Filtro de activación (solo si está marcado)

☑ Voz IA configurada

☑ Carpeta de destino lista

☑ Flujo de publicación enlazado

☑ Sistema de revisión rápida antes de publicación

☑ Panel editorial visual en Notion o Sheets

☑ Seguridad, backup y control de errores

Lo esencial del Capítulo 8

Automatizar tu contenido con voz IA no es solo un lujo.

Es una decisión estratégica que te libera para ser más creativo, más constante y más escalable.

Y lo mejor de todo: lo puedes hacer sin saber programar, sin ser técnico y sin gastar cientos de euros.

Solo necesitas una idea, un texto, y el deseo de ahorrar tiempo para lo que realmente importa: conectar.

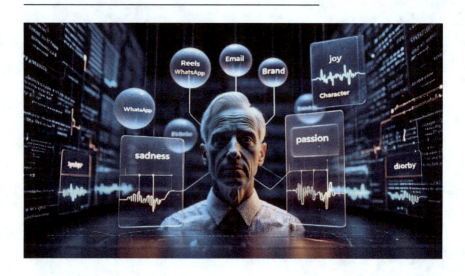

⬭ CAPÍTULO 9 — Generador de Prompts Emocionales para Voz IA: cómo escribir lo que suena humano

"No es lo que dices, es cómo lo dices.

Y con ElevenLabs, todo empieza por el prompt."

🗣 9.1. Introducción: qué es un prompt emocional y por qué es la clave

En el contexto de generación de voz IA, un prompt es el texto que introduces para que ElevenLabs lo convierta en audio.

Pero no todos los prompts son iguales.

Un texto escrito para ser leído no suena bien cuando se escucha.

Un texto escrito para ser escuchado tiene cadencia, intención, ritmo, pausas, emoción.

Eso es un prompt emocional.

Y es la diferencia entre sonar como una IA…

O sonar como alguien que está viviendo lo que cuenta.

✍️ 9.2. ¿Qué convierte a un texto en un prompt emocional?

Un buen prompt emocional no solo comunica un mensaje.

Construye una atmósfera, una pausa, un tono, una sensación.

🧩 Elementos clave:

1.   Frases habladas, no escritas

o   Escribir como si lo estuvieras diciendo a alguien, no como si redactaras un post.

2.   Pausas expresivas

o   Uso de … y saltos de línea para crear silencio emocional.

3.   Muletillas humanas

o   "Mmm…", "A ver…", "Bueno…", "¿Sabes?"

4.   Errores intencionales

o   Repeticiones, frases inconclusas, dudas ("Quería decirte algo, pero… no sé.")

5.   Ritmo irregular

o   Alternancia de frases largas y cortas para imitar cómo pensamos en voz alta.

9.3. Estructura de un prompt emocional de alto impacto

◆ Formato universal (adaptable a cualquier estilo):

1.   Enganche emocional

o   Algo íntimo, personal, o inesperado

o   Ejemplo: "Vale… esto no suelo contarlo."

2.   Silencio

o   Pausa real (... o salto de línea)

3.   Desarrollo narrativo

o   Ideas cortas, reflexivas, con variación de tono

o   Ejemplo: "Fue… fue como perderme. De verdad."

4.   Cierre humano

o   Sin moraleja forzada

o   Ejemplo: "Y bueno… eso. Solo quería soltarlo."

9.4. Fórmulas de prompts por emoción

😔 Tristeza / vulnerabilidad

"No siempre tengo respuestas.

A veces… ni siquiera tengo preguntas claras.

Pero aquí estoy.

Hablando.

Aunque no sepa si alguien escucha."

 Alegría / gratitud

"¡Ey!

Solo quería decirte algo rápido.

Gracias.

Por estar.

Por seguir.

Por escuchar, aunque no siempre diga cosas perfectas."

😡 Enfado suave / desahogo

"Vale, esto… esto ya me supera.

No entiendo cómo todavía hay gente que—

En fin. Lo dejo aquí."

🙀 Sorpresa / revelación

"Y lo peor es que…

No me lo vi venir.

Estaba todo bien. O eso creía."

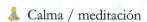 Calma / meditación

"Respira.

No pienses.

Solo siente el aire entrando y saliendo.

Estás aquí.

Eso basta."

🎛 9.5. Prompts emocionales por canal de uso

Cada canal tiene su propio ritmo, contexto y estilo.

A continuación te doy prompts específicos optimizados para Reels, podcast, WhatsApp, YouTube, email y más.

🎞 A. Instagram Reels o TikTok

Objetivo: atrapar la atención en 1 segundo y crear conexión emocional rápida.

Tema	Prompt
Confesión personal	"Vale… te voy a contar algo que no sabe casi nadie."
Historia incómoda	"Y entonces pasó eso… lo que nadie quiere admitir."
Reflexión íntima	"¿Nunca te has sentido como… como si no encajaras en ningún sitio?"
Frase para cerrar con impacto	"Y eso… eso fue lo que me rompió por dentro."

Trucos:

* Frases de 5 a 10 palabras

* Empieza fuerte: muletilla + emoción

* Usa saltos de línea para ritmo

* No uses narración lineal. Empieza por el giro.

🎙 B. Podcast

Objetivo: sonar íntimo, reflexivo, como una charla o pensamiento en voz alta.

Tema	Prompt
Introducción emocional	"Ey… estoy aquí otra vez. Y no sé muy bien qué voy a decir."
Desarrollo introspectivo	"Últimamente… estoy notando cosas que antes pasaban desapercibidas."
Cierre suave	"Si te has quedado hasta aquí… gracias. De verdad."

Trucos:

* Frases largas mezcladas con cortas

* Inserta silencios (...) entre ideas

* Usa segunda persona: "¿Tú también lo has sentido?"

📩 C. Email con audio incluido (o audio de newsletter)

Objetivo: sonar cercano, auténtico, no comercial.

Tema	Prompt
Agradecimiento	"Solo quería enviarte esto. Porque siento que… que no te lo digo suficiente."
Mini historia	"Hoy vi a alguien en la calle que me recordó a mí hace años."
Despedida sincera	"Cuídate mucho. Y si esto te hizo pensar… házmelo saber."

Trucos:

• Empieza con motivo emocional, no con anuncio

• Termina con frase abierta, no con cierre abrupto

• Usa un tono casi epistolar

D. WhatsApp o Telegram (estilo nota de voz)

Objetivo: parecer una nota de voz de alguien real. Ideal para listas de difusión o relaciones más cercanas.

Tema	Prompt
Check-in emocional	"¿Cómo estás hoy? Yo… un poco removida, la verdad."
Micro reflexión	"Estaba pensando… ¿y si no hace falta tener todo claro?"

Cierre cálido	"Nada. Eso. Te abrazo fuerte aunque sea en voz."

Trucos:

- Usa frases sin acabar

- Inserta pausas incómodas

- Usa expresiones orales reales: "Bueno…", "No sé, ¿sabes?"

💼 9.6. Diccionario de expresiones emocionales para insertar en prompts

Una recopilación de muletillas, ruidos, frases vacías y recursos emocionales que puedes insertar dentro de cualquier texto para humanizarlo.

Muletillas iniciales:

- "Mmm…"

- "Vale…"

- "Bueno…"

- "Ey…"

- "A ver…"

Ruidos emocionales:

- "Ufff…"

- "Ay… madre."

- "Ahhh… no sé."

- "Mierda." (con tono emocional, si tu marca lo permite)

Frases que no dicen nada, pero lo dicen todo:

- "Eso."

- "Ya ves…"

- "¿Sabes cómo te digo?"

- "No sé si me explico."

- "Y… no sé."

Finales humanos:

- "Solo quería soltarlo."

- "Gracias por estar."

- "Eso es todo."

- "Hasta aquí."

- "Te leo." / "Te escucho." / "Te siento." (según el canal)

🎭 9.7. Cómo adaptar tus prompts al tipo de personaje o identidad sonora

La voz que usas en ElevenLabs puede representar a diferentes "personajes" narrativos.

Y cada uno de ellos requiere su propio lenguaje emocional.

Aquí te dejo varios tipos de identidad sonora con sus características y ejemplos de prompt:

🧘 Terapeuta / guía emocional

- Tono: lento, suave, repetitivo, envolvente

- Léxico: palabras como "sentir", "habitar", "aquí", "calma", "cuerpo"

- Frases:

"Estás aquí.

Y eso ya es suficiente."

"No te apresures.

No hay destino.

Solo presencia."

📢 Influencer emocional / lifestyle

- Tono: directo, fresco, honesto

- Léxico: muletillas, cercanía, frases cortadas

- Frases:

"Ey… esto va a sonar raro, pero tenía que decirlo."

"No sé si te pasa, pero… a mí me remueve."

💂 Coach motivacional

- Tono: potente, breve, inspirador

- Léxico: "acción", "hoy", "puedes", "elige", "confía"

- Frases:

"Hoy no esperes milagros.

Sé el milagro."

"No es magia. Es repetición."

🎙 Narrador reflexivo

- Tono: neutro emocional con inflexiones cálidas

- Léxico: descriptivo, sensorial, pausado

- Frases:

"La ciudad respiraba un silencio denso.

Como si supiera lo que iba a pasar."

✦ 9.8. Cómo crear tu propio generador de prompts (plantilla Notion o Sheets)

Para no tener que inventar desde cero cada vez, puedes crear una tabla con combinaciones que generen prompts casi infinitos:

Ejemplo de tabla (Google Sheets o Notion):

Inicio emocional	Acción narrativa	Cierre reflexivo
"Vale…"	"Vi algo que me removió"	"Y me quedé pensando todo el día."
"A ver…"	"Soñé con algo extraño"	"No sé qué significa, pero lo sentí real."
"Ufff…"	"Volví a leer esa conversación"	"No sé si fue alivio o tristeza."

Cada combinación genera una frase emocional lista para ser usada como prompt IA.

⊙ 9.9. Prompts por objetivo estratégico

A veces necesitas una voz emocional para algo específico, no solo para contar algo bonito.

☑ Para CTA (llamado a la acción emocional)

"Si esto te resonó…

no te lo guardes.

Escríbeme. Cuéntame. Estoy aquí."

☑ Para reforzar marca personal

"No soy experta en nada.

Solo tengo historias.

Pero eso, a veces, basta."

☑ Para cerrar un episodio de pódcast

"Gracias por quedarte hasta aquí.

Espero que algo se haya movido.

Aunque sea un suspiro."

☑ Para introducir una serie de contenidos

"Durante los próximos días…

quiero contarte cosas que no siempre digo en voz alta."

🔄 9.10. Cómo hacer que el mismo prompt suene diferente

Usando variaciones del mismo texto con diferentes parámetros y voces puedes crear:

•   Una versión optimista

•   Una versión melancólica

•   Una versión neutra

Ejemplo:

Texto base:

"No fue lo que me dijo…

fue lo que se calló."

🎛️ Si usas una voz suave + baja estabilidad + reverb: suena melancólica

🎛️ Si usas voz firme + claridad alta: suena reflexiva

🎛️ Si usas voz joven + estilo exagerado: suena emocional, vulnerable

---

☑️ Lo esencial del Capítulo 9

Tu contenido emocional no empieza con la voz.

Empieza con el texto.

Con una palabra que duda.

91

Con un "mmm…" al principio.

Con un "no sé" dicho con intención.

Con una historia que no se escribe, se dice.

Y si aprendes a escribir prompts que respiran…

tu voz IA no solo hablará.

Sentirá.

🔔 CAPÍTULO 10 — Estrategia de Publicación de Audios en Redes Sociales y WhatsApp: cómo emocionar, viralizar y conectar

"No basta con tener una voz que emocione.

Hay que saber cuándo soltarla, cómo vestirla… y en qué canal dejarla respirar."

🚀 10.1. Introducción: publicar no es subir, es provocar una experiencia

Muchos creadores hacen esto:

- Generan un audio potente con IA

- Lo suben a Instagram o lo mandan por WhatsApp

- Nadie reacciona

- Piensan que "la voz IA no conecta"

✖ Error.

No es la voz.

Es cómo, cuándo y dónde la publicaste.

Este capítulo no va sobre generación.

Va sobre estrategia de publicación emocional y viral.

Porque una voz humana artificial necesita el contexto emocional correcto para provocar conexión real.

🌐 10.2. La voz como contenido: entender su formato en redes

Antes de entrar en las tácticas específicas por canal, necesitas entender una cosa clave:

La voz, por sí sola, no es un formato de red social.

Ninguna plataforma está hecha exclusivamente para audio.

Por tanto, para que un audio IA tenga impacto, debes envolverlo en una experiencia de publicación visual o sensorial.

Esto puede implicar:

- Un fondo visual (imagen, vídeo, texto animado)

- Subtítulos integrados

- Música o ambiente de fondo

- Tiempo exacto según la plataforma

- Llamado a la acción explícito o implícito

En este capítulo, te enseño cómo convertir cada audio en una pieza de contenido completa y publicable, optimizada para:

- Instagram (feed, stories, reels)

- TikTok

- WhatsApp

- Telegram

- YouTube Shorts

- Facebook / LinkedIn

- Emails / newsletters

🔡 10.3. Instagram: cómo publicar audios en Reels, Stories y Feed

Instagram es una plataforma emocional, visual y rápida.

Para que un audio IA funcione, necesitas crear una pieza audiovisual bien editada. No basta con poner la voz encima de un fondo negro.

◆ A. Publicar en Reels (30 a 60 segundos)

Reels es ideal para:

- Reflexiones emocionales

- Confesiones personales

- Minipodcast en formato visual

Estructura sugerida:

1.   🎬 Frase de enganche con subtítulo grande

2.   🎙️ Voz IA con ritmo humano

3.   📺 Imagen o vídeo de fondo con textura emocional (slow motion, desenfoque, etc.)

4.   🎼 Música ambiente emocional (volumen bajo)

5.   ✍️ Subtítulos sincronizados

6.   📢 CTA final (opcional): "Guárdalo si te hizo pensar."

Duración ideal: 15 a 45 segundos

Estilo de voz IA recomendado:

- Estilo emocional

- Stability media-baja

- Clarity alta

- Style Exaggeration en 1.2 a 1.6

◆ B. Stories (de 15 segundos)

Stories son perfectas para:

- Micro reflexiones

- Frases impactantes

- Promocionar una serie de audios más largos

Tips para usar voz IA en Stories:

- Crea clips muy cortos, con solo 1 frase emocional

- Añade stickers con preguntas: "¿Te ha pasado?"

- Usa subtítulos grandes y animados

- Publica en serie (3 stories seguidas que construyen un mini relato)

- ◆ C. Feed (post con audio en carrusel)

No es el formato ideal para audio, pero puedes:

- Subir un vídeo de 60 segundos con audio y visual neutro

- Escribir el texto completo como descripción

- Añadir una imagen de portada emocional (una foto en blanco y negro, una silueta, etc.)

👉 Consejo: combina el Feed con Reels.

Postea en ambas para reforzar alcance y conexión.

🎛 10.4. WhatsApp: cómo mandar audios IA que parezcan humanos

WhatsApp es probablemente el canal más íntimo y realista para compartir una voz generada con IA.

Pero solo si lo haces bien.

☑ ¿Cómo mandar un audio con voz IA por WhatsApp y que parezca real?

1.   Genera el audio en ElevenLabs

2.   Añade silencios y respiraciones si es necesario

3.   Exporta en formato MP3 o M4A

4.   Usa WhatsApp Web o Business API para enviarlo directamente

---

💡 Tips para que parezca una nota de voz real:

•   Mantén el archivo en 20 a 60 segundos

•   Usa muletillas al inicio: "Ey…", "Vale…", "No sé si te lo dije…"

•   No cortes el audio al final. Deja 1 segundo de silencio

•   Graba tú mismo la respiración si hace falta, e insértala

📅 Cuándo enviarlo:

•   Lunes por la mañana → motivacional

•   Miércoles por la tarde → reflexión de mitad de semana

•   Domingo noche → cierre emocional

Puedes crear una lista de difusión y automatizarlo con herramientas como Twilio, 360Dialog, o incluso grupos cerrados.

🎵 10.5. TikTok: cómo usar voz IA en vídeos virales

TikTok es el lugar donde la vulnerabilidad y el ingenio emocional se vuelven virales.

Y una voz IA bien escrita y bien editada puede sonar más auténtica que el 80% de los vídeos reales.

🎯 Estructura para TikTok emocional:

1. Inicio crudo (0–2s)

o Frase directa:

"Esto… esto no me lo esperaba."

2. Narrativa corta (3–15s)

o Voz IA con muletillas, pausas, silencios

o Imágenes de fondo: cámara lenta, ventanas, calles vacías, lluvia

3. Giro emocional (16–30s)

o Repetición suave:

"Y aún me duele. Me duele."

4. Cierre con pregunta o frase abierta (30–45s)

o CTA emocional:

"¿Te ha pasado?"

🔧 Formato:

• Audio generado en ElevenLabs

• Video vertical 9:16

• Subtítulos grandes con estilo "escrito a mano"

• Música: piano suave, sonidos ambientales (lluvia, viento, etc.)

Duración ideal: entre 25 y 45 segundos

🎥 10.6. YouTube Shorts: minireflexiones con atmósfera

YouTube Shorts permite replicar lo que haces en TikTok o Reels pero con mayor duración y menor presión de edición.

📌 Tips para Shorts con voz IA:

*   Audio emocional o reflexivo

*   Subtítulos grandes centrados

*   Fondo visual sencillo y elegante

*   Incluye un CTA tipo:

"Suscríbete si esto te hizo pensar."

Duración ideal: 45–60 segundos

📧 10.7. Email / Newsletter: voz IA para elevar la experiencia del lector

Si envías newsletters y correos a tu comunidad, puedes integrar una cápsula de voz IA emocional como contenido extra.

💬 Cómo hacerlo:

1.   Escribe una intro en el email:

"Hoy no quiero que leas… quiero que escuches."

2.   Inserta un botón o link:

o   "Escuchar audio"

o   "Reproducir mi voz"

3.   Audio de 30–60 segundos con tono personal, cálido

🎧 Temas para el audio:

- Reflexión de la semana

- Cierre de mes

- Mensaje de gratitud

- Minianécdota que no aparece en el texto

Herramientas útiles:

- Tella

- [Mailchimp + Dropbox link]

- [ConvertKit + botón HTML]

💬 10.8. Telegram: crear una comunidad con voz emocional

Telegram permite construir canales íntimos o grupales donde puedes compartir:

- Audios tipo "diario emocional"

- Cápsulas de contenido exclusivo

- Reflexiones de autor

- Voz IA con narrativa envolvente

📌 Estrategia recomendada:

• Publicar 3 audios semanales

• Duración: 1 a 2 minutos

• Temas de actualidad emocional o personal

• Crear una "rutina de voz" (siempre a la misma hora o con un saludo tipo)

"Ey, comunidad.

Aquí estoy otra vez.

Y hoy… no ha sido un día fácil."

Telegram se convierte así en una sala de estar sonora donde tus seguidores sienten que estás allí con ellos.

📊 10.9. LinkedIn y Facebook: voz IA para contenido profesional-emocional

Aunque estas redes son más visuales o textuales, puedes innovar incluyendo:

• Vídeos cortos con voz IA

• Publicaciones con audio incrustado (enlace a Drive, Dropbox, SoundCloud)

• Reflexiones narradas tipo "post hablado"

🔔 Estructura para publicaciones con audio:

1. Título fuerte:

"Hoy grabé esto en voz baja, pero con el corazón alto."

2.   Embed del audio o link directo

3.   Texto que lo acompaña (transcripción o reflexión extendida)

4.   CTA suave:

"¿Te pasó algo parecido?"

📋 10.10. Checklist de publicación emocional con voz IA

☑ Voz IA generada con ritmo emocional

☑ Muletillas, pausas, silencios

☑ Música o ambientación sutil

☑ Subtítulos sincronizados

☑ Visual coherente (imagen, fondo, vídeo)

☑ Duración adaptada al canal

☑ CTA emocional, no forzado

☑ Hora adecuada de publicación

☑ Respuesta a los comentarios con empatía

✳ Lo esencial del Capítulo 10

Una voz IA emocional puede tocar el alma.

Pero solo si se publica en el lugar correcto, con el envoltorio adecuado, y en el momento exacto.

Porque publicar no es subir contenido.

Es soltar emociones en el aire.

Y esperar que, en algún rincón del mundo, alguien escuche…

y se sienta menos solo.

⊚ CAPÍTULO 11 — Experiencias Sensoriales con Voz IA en Entornos Presenciales y Terapéuticos

"La voz no solo se escucha. Se respira. Se siente. Y puede transformar un espacio entero."

⌐. 11.1. Introducción: más allá de los auriculares

Cuando pensamos en voz IA, solemos imaginar a alguien escuchándola en su móvil.

Pero hay un mundo más allá: el de los espacios físicos.

La voz emocional, cuando se proyecta en una sala, en una clase, en un ritual, o en una sesión terapéutica, cambia su poder.

Porque ahí, no solo habla.

Sostiene. Acompaña. Guía.

Este capítulo está dedicado a quienes usan la voz como presencia real:

- Terapeutas

- Coaches

- Facilitadores

- Educadores

- Guías espirituales

- Artistas

- Creadores de atmósferas

Y para quienes quieren integrar la tecnología emocional de ElevenLabs en experiencias presenciales, sin perder el alma.

🧘 11.2. Voz IA en espacios de meditación y bienestar

🎯 Objetivo:

Crear atmósferas de introspección, calma y escucha profunda a través de la voz generada por ElevenLabs, que sustituye o complementa la voz del facilitador.

🧱 Formato ideal:

- Duración de los audios: 2 a 10 minutos

- Velocidad de lectura: lenta

- Estilo de voz: femenina suave o masculina aterciopelada

- Parámetros recomendados:

o   Stability: 35–45

o   Style Exaggeration: 1.1

o   Clarity: 90

o   Modelo: eleven_monolingual_v1 (más natural en español)

🧘 Ejemplo de guion para meditación guiada con voz IA:

"Cierra los ojos.

Respira.

Siente el peso de tu cuerpo…

Apoya todo en el suelo.

No necesitas hacer nada más.

Solo estar aquí."

Consejo: deja silencios reales de 3–5 segundos entre párrafos.

Puedes añadir sonidos de fondo: cuencos tibetanos, olas, bosque.

💬 11.3. Voz IA para facilitación grupal y dinámicas presenciales

En talleres presenciales, formaciones o retiros, una voz emocional:

☑ Permite que el facilitador se fusione con el grupo sin necesidad de hablar

☑ Da estructura sin presencia directa

☑ Genera impacto emocional sin tensión escénica

📋 Ejemplo de uso real:

Un coach de alto rendimiento utiliza audios con voz IA para:

- Abrir dinámicas de reflexión profunda

- Introducir ejercicios de visualización

- Cerrar sesiones con frases inspiradoras

🎤 Dinámica guiada con voz IA:

Nombre: "Carta al yo de hace 10 años"

1. Se reparte papel a cada persona

2. Suena un audio con voz IA que dice:

"Escribe sin filtro.

Imagina que esa persona de hace 10 años te está leyendo ahora.

¿Qué le dirías?

¿Qué no le dirías?

Tienes tres minutos."

1. Finaliza con música suave y voz IA que dice:

"Gracias por abrir tu historia.

Ya puedes volver al presente."

👂 11.4. Voz IA en sesiones individuales de coaching, psicología o mentoring

En un espacio terapéutico, la voz puede ser una herramienta de sostén, contención o activación.

Con ElevenLabs, puedes crear audios personalizados que el paciente/cliente escuche antes, durante o después de una sesión.

🎯 Usos reales:

• 	Inicio de sesión:

"Respira profundo.

Este espacio es para ti.

Nadie te está evaluando. Solo vamos a explorar."

• 	Cierre suave:

"Estás haciendo lo mejor que puedes.

Gracias por mostrarte."

• 	Seguimiento entre sesiones:

"Sé que esta semana puede removerte.

Si sientes que se agita algo… vuelve a este audio.

Estás acompañado."

🎧 Formato ideal:

• 	Audios entre 30 segundos y 3 minutos

• 	Entregados por WhatsApp o Telegram

• 	Estilo íntimo, sin música o con música muy suave

• 	Preferencia por voces cálidas, neutras, ligeramente pausadas

🔳 Parámetros sugeridos:

- Stability: 40

- Style Exaggeration: 1.3

- Clarity Boost: 85

- Uso de silencios reales de 2 a 4 segundos

🎨 11.5. Voz IA en instalaciones artísticas, museos o exposiciones

La voz puede convertirse en una presencia invisible que recorre una sala.

Perfecta para:

- Poemas sonoros

- Relatos fragmentados

- Ambientes inmersivos

- Narración ambiental en museos o salas de arte digital

Ejemplo real:

En una exposición sobre la memoria en Madrid, se crearon 9 audios con voz IA que sonaban desde distintos puntos de la sala:

"¿Te acuerdas de tu primer miedo?"

"Aquí había alguien antes. Lo sabes, ¿no?"

"No todo lo que se pierde duele igual."

💡 Algunos se disparaban por sensor de movimiento. Otros, con cascos individuales.

🎧 Equipamiento recomendado:

• Altavoces direccionales (para sonido "íntimo")

• Transductores en objetos físicos

• Audio 3D envolvente (con software como Ambisonics o DearVR)

• Proyectores de audio con sensores de proximidad (tipo Raspberry Pi + speaker)

🎧 11.6. Checklist técnico para usar voz IA en eventos o espacios físicos

Antes de integrar voz IA en una experiencia presencial, asegúrate de tener esto claro:

☑ Producción del audio

• Voz generada con parámetros emocionales

• Silencios entre frases

• Volumen equilibrado

• Exportación en .WAV o .MP3 (320 kbps)

☑ Edición previa (opcional)

• Insertar respiraciones humanas reales

• Añadir reverberación o eco controlado

• Música ambiental coherente

111

☑ Reproducción

- Altavoces direccionados o sonido envolvente

- Nivel de volumen que no sobresature

- Transiciones suaves si hay varios audios seguidos

☑ Ambiente

- Iluminación tenue

- Espacios sin distracciones visuales

- Momentos de escucha activa (no como "fondo")

🧘 11.7. Buenas prácticas éticas y emocionales

El uso de voz IA en espacios de vulnerabilidad y consciencia debe estar alineado con ciertos principios.

⚠️ Ética emocional

- No uses voz IA para simular conversaciones con personas fallecidas sin aviso explícito

- Evita generar contenido emocionalmente invasivo (suicidio, trauma, abuso) sin contención profesional

- Si usas tu propia voz clonada, deja claro que es una recreación

✳️ Principios sugeridos:

1. No confundir: aclara que es IA si es relevante

2. No suplantar: no uses la voz de otro sin consentimiento

3. No impactar sin sostener: si la voz genera emoción, ofrece un espacio para procesarla

🤝 11.8. Integrar la voz IA con la presencia humana

La IA no reemplaza. Potencia.

En una experiencia presencial, puedes alternar:

• Momentos de voz IA (para guiar, introducir, cerrar)

• Intervenciones humanas (para sostener, escuchar, improvisar)

Ejemplo: ritual de cierre de retiro

1. Voz IA:

"Te invito a cerrar los ojos…

y a recordar una imagen de estos días."

2. Silencio

3. El facilitador humano guía un gesto colectivo

4. Voz IA cierra con:

"Llévate esa imagen.

No como un recuerdo, sino como una semilla."

Esta alternancia crea ritualidad sin dependencia escénica.

📚 11.9. Casos reales y plantillas de aplicación

🧘 Retiro de reconexión emocional (Valencia)

• Voz IA con frases introspectivas al entrar en cada sala

• Audio personalizado entregado a cada participante al finalizar

- Impacto reportado: sensación de "presencia sin juicio"

🎨 Instalación artística "Voces del duelo" (Barcelona)

- 7 audios IA generados a partir de cartas reales

- Activados por sensores

- Cada visitante escuchaba una historia en un punto diferente

---

🎭 Taller de escritura terapéutica (online + presencial)

- Voz IA utilizada para:

o   Introducir las consignas

o   Dar contención sin presencia física

o   Compartir fragmentos de textos leídos con entonación emocional

---

☑ Lo esencial del Capítulo 11

La voz IA no solo vive en los auriculares.

Puede ser parte de un espacio vivo.

De una sala que respira.

De un ritual que conecta.

De un silencio que se rompe con una frase.

De un susurro que sostiene lo que la palabra sola no puede.

Y si aprendes a integrarla con respeto, emoción y presencia…

la IA se convierte no solo en tecnología,

sino en ceremonia.

📢 CAPÍTULO 12 — Cómo Crear una Identidad Sonora Coherente con Voz IA para tu Marca o Persona

"Tu voz no es solo cómo suenas. Es cómo te recuerdan."

🧠 12.1. Introducción: la voz como elemento de marca

El branding ya no es solo colores, logotipos o tipografías.

Hoy, las marcas personales y comerciales que destacan son las que tienen una presencia sensorial completa.

Y dentro de esa presencia, la voz se ha convertido en una herramienta estratégica de conexión emocional.

Una voz que:

•   Suena igual en cada canal

•   Tiene su propio ritmo, expresividad y alma

- Refuerza los valores, la historia, el tono emocional

- Puede ser automatizada sin perder autenticidad

En este capítulo aprenderás a crear una identidad sonora única usando ElevenLabs, que humanice y potencie tu marca personal o de empresa, desde Instagram hasta un pódcast, desde WhatsApp hasta cursos y charlas online.

🧬 12.2. ¿Qué es una identidad sonora?

Una identidad sonora es el conjunto de características vocales que hacen reconocible tu presencia en audio, tal como un logo visual hace reconocible tu marca a simple vista.

No es solo la voz en sí. Es:

- Cómo suenas

- Qué dices

- Con qué ritmo hablas

- Qué emociones transmites

- Qué silencios usas

- Qué música acompaña tus palabras

- Qué estructura repites

Y con ElevenLabs, puedes crear una identidad sonora 100% automatizada y coherente, que te represente en múltiples canales sin tener que grabarte cada vez.

🎭 12.3. Elige tu arquetipo de voz

Antes de escribir guiones o clonar tu voz, tienes que decidir qué tipo de presencia emocional quieres construir.

Aquí tienes 6 arquetipos básicos que puedes usar como punto de partida:

🧘 Arquetipo: EL GUÍA

*   Voz: pausada, suave, casi susurrada

*   Emoción dominante: calma, contención

*   Ideal para: terapeutas, meditadores, educadores holísticos

*   Frases clave:

"No hay prisa."

"Estás aquí. Eso es suficiente."

Parámetros ElevenLabs recomendados:

*   Stability: 35

*   Style Exaggeration: 1.2

*   Clarity Boost: 90

💼 Arquetipo: EL EXPERTO CERCANO

*   Voz: firme pero humana

*   Emoción dominante: confianza, claridad

*   Ideal para: coaches, consultores, formadores

*   Frases clave:

"Te lo explico fácil."

"Esto es lo que nadie te cuenta."

Parámetros:

- Stability: 60

- Style Exaggeration: 1.1

- Clarity: 100

👷 Arquetipo: EL CONFESIONAL / "LA VOZ INTERNA"

- Voz: irregular, con pausas, vulnerable

- Emoción dominante: intimidad, verdad

- Ideal para: influencers, storytellers, contenido emocional

- Frases:

"Esto no suelo contarlo…"

"Me removió por dentro."

Parámetros:

- Stability: 20

- Style: 1.6

- Clarity: 80

👨 Arquetipo: EL MOTIVADOR

- Voz: potente, enérgica

- Emoción dominante: impulso, entusiasmo

- Ideal para: speakers, campañas, marcas activas

- Frases:

"Tú puedes."

"Hoy no esperes milagros. Sé el milagro."

Parámetros:

- Stability: 55

- Style: 1.4

- Clarity: 95

🥽 Arquetipo: EL CIENTÍFICO CALMADO

- Voz: neutra, lógica, muy clara

- Emoción dominante: precisión, objetividad

- Ideal para: divulgadores, educadores STEM

- Frases:

"Vamos a explicarlo paso a paso."

"Esto tiene evidencia."

Parámetros:

- Stability: 70

- Style: 1.0

- Clarity: 100

- Voz: natural, fresca, con gestos de duda

- Emoción: cercanía, humor suave

- Ideal para: lifestyle, redes, voice notes emocionales

- Frases:

"No sé si esto tiene sentido, ¿sabes?"

"Y bueno… ya sabes."

Parámetros:

- Stability: 40

- Style: 1.5

- Clarity: 90

✴ 12.4. Cómo definir tu estilo sonoro en 6 pasos

Crear tu identidad de voz IA no es cuestión de elegir una voz cualquiera.

Requiere coherencia estratégica y emocional.

Aquí tienes los 6 pasos clave para construir tu estilo sonoro personal o de marca:

◆ PASO 1: Define tu intención emocional principal

¿Qué quieres que sienta la persona cuando escuche tu voz?

Ejemplos:

- Tranquilidad

- Inspiración

- Cuidado

- Firmeza

- Honestidad

- Claridad

◆ PASO 2: Elige tu arquetipo de voz (ver sección 12.3)

¿Cuál de los 6 estilos encaja más con tu forma de comunicar?

Esto determinará tu tono, velocidad, silencios y entonación.

◆ PASO 3: Establece tu vocabulario emocional

Haz una lista de frases que sueles repetir.

Estas serán tu marca verbal sonora.

Ejemplos:

- "¿Sabes?"

- "Vale… te lo explico fácil."

- "Respira."

- "Solo eso. Gracias."

- "Eso es todo por hoy."

◆ PASO 4: Define tu ritmo y duración ideal

¿Hablas rápido o pausado?

¿Tus audios son breves o extensos?

Crea una tabla como esta:

Tipo de contenido	Duración	Ritmo
Reels	30–45 s	Emocional rápido
Pódcast	3–5 min	Pausado reflexivo
Mensajes WA	40 s	Íntimo, casual
Cursos / formaciones	5–10 min	Claro, lineal

◆ PASO 5: Establece tus parámetros ElevenLabs estándar

Deja documentado:

- Voice model

- Stability

- Style Exaggeration

- Clarity Boost

- Pausas, efectos o edición adicional

◆ PASO 6: Crea una guía de estilo sonora

Igual que un manual de marca visual, debes tener un documento base con:

- Tu nombre de voz en ElevenLabs

- Ejemplos de frases representativas

- Parámetros recomendados

- Casos de uso (redes, podcast, cursos, etc.)

- Música que usas

- Tonos prohibidos o frases que no representan tu marca

📋 12.5. Ejemplo real: Identidad sonora de una psicóloga

👩‍⚕️ Perfil:

- Psicóloga clínica

- En redes como @psicoenvozalta

- Público: adultos 25–45 años

- Mensajes: cuidado emocional, autoestima, autoconsciencia

✦ Identidad sonora:

- Arquetipo: La Guía

- Voz: femenina suave con pausas

- Frases clave:

"No estás sola."

"Esto también pasará."

"Cuida tu mundo interno."

🎲 Parámetros ElevenLabs:

- Stability: 35

- Style: 1.3

- Clarity: 90

- Silencios de 2–3 segundos entre frases

🎧 Aplicación:

Canal   Estilo

Instagram   Reels reflexivos con fondo neutro

WhatsApp   Audios de seguimiento emocional

Newsletter   Mini audios integrados con link

Cursos online   Módulos narrados en voz propia clonada

📗 12.6. Cómo documentar tu identidad sonora para ti o tu equipo

Crear una identidad sonora potente no sirve de nada si no está sistematizada.

Aquí tienes una plantilla que puedes compartir con tu equipo, colaboradores o asistentes virtuales para que tu voz IA suene igual siempre, en todos los canales.

📄 Documento base: Guía de Voz IA para [Nombre]

1. Nombre de la voz (clon ElevenLabs o voz pública):

126

Ej: "ClaraReflexiva_v1"

2. Arquetipo sonoro:

Ej: "La Guía Emocional"

3. Tono y emoción principal:

Calma, contención, introspección

4. Parámetros estándar:

Parámetro	Valor
Stability	35
Style Exaggeration	1.3
Clarity Boost	90

5. Frases clave:

- "Estás aquí."

- "No necesitas entenderlo todo."

- "Esto también pasará."

6. Música habitual:

Piano minimalista, pads suaves

7. Canales donde se usa:

- Instagram Reels

- Newsletter

- Telegram

- Meditaciones pregrabadas

8. No usar:

- Tono acelerado

- Frases de autoridad o presión

- Música intensa o comercial

✳️ 12.7. Identidades sonoras por sector

🧑 Psicología y terapias

- Voz cálida, lenta

- Frases suaves, validantes

- Ideal para audios entre sesiones, contenidos de autocuidado

👩‍🏫 Formación y educación online

- Voz clara, pausada

- Ritmo estable

- Uso de ejemplos y preguntas

- Ideal para narrar módulos, píldoras de contenido

💼 Marca personal / Influencer

- Voz expresiva, emocional

- Muletillas intencionales

- Microcontenidos (30–60 s) para redes

- Uso frecuente de CTA suaves

👗 Moda y estilo de vida

- Voz dinámica y elegante

- Tono cercano pero con carácter

- Ideal para narrar tendencias, cápsulas de marca, reels visuales

🧘 Espiritualidad, meditación, mindfulness

- Voz susurrada o lenta

- Silencios intencionados

- Audio inmersivo

- Uso en retiros, experiencias y redes

✳️ 12.8. Consejos finales para mantener coherencia sonora

☑️ Usa siempre la misma voz (o clones afines)

☑️ Documenta los parámetros

☑️ Evita improvisar guiones en tono errático

☑️ Crea un banco de frases representativas

☑️ Acompaña tu voz con diseño visual coherente

☑️ Crea intros y outros fijos para reforzar identidad

☑️ Escucha tus propios audios como lo haría tu audiencia

🎯 Lo esencial del Capítulo 12

Tu voz puede ser tu firma.

Puede ser ese hilo invisible que te conecta con quien te escucha en su móvil, en su casa, en su noche difícil o en su ritual de cada mañana.

Y si la diseñas con intención, emoción y estrategia…

esa voz, aunque generada por IA,

será inolvidable.

⚖️ CAPÍTULO 13 — Guía Legal, Ética y de Protección de Voz IA para Creadores y Marcas

"Tu voz es tu patrimonio invisible.

Y en la era de la inteligencia artificial, protegerla no es una opción. Es una obligación."

🧠 13.1. Introducción: la urgencia de entender los límites legales y éticos

La inteligencia artificial ha democratizado la creación de contenido sonoro.

Hoy, cualquier persona puede:

*   Clonar una voz

*   Generar discursos con tono humano

*   Simular emociones complejas

- Usar esas voces en redes, cursos, emails, podcast, incluso para vender

Pero… ¿qué pasa si clonas una voz sin permiso?

¿O si tu propia voz clonada se usa en un contexto que no autorizaste?

Este capítulo es una guía clara, sin lenguaje jurídico complicado, para que entiendas:

- Qué puedes hacer legalmente con tu voz IA

- Qué no deberías hacer nunca (aunque puedas)

- Cómo proteger tu marca vocal frente a uso indebido

- Cómo construir confianza ética con tu audiencia

13.2. ¿De quién es una voz clonada?

Una de las preguntas más comunes es:

"Si yo clono mi voz con ElevenLabs, ¿de quién es esa voz? ¿Sigue siendo mía?"

☑ Respuesta corta: Sí. Tu voz es tuya. Incluso clonada.

La voz humana es un dato biométrico personal protegido por ley.

Eso significa que nadie puede usar tu voz, clonada o no, sin tu consentimiento explícito.

⚠ 13.3. Lo que NO puedes hacer con voz IA (aunque puedas técnicamente)

✕ Clonar voces de otras personas sin permiso

Aunque tengas acceso a su voz (por ejemplo, una entrevista grabada), no puedes clonarla sin su consentimiento legal.

Esto aplica incluso si:

*   Es un amigo

*   Es un personaje público

*   Es un familiar

*   El audio es público

En la UE, esto puede considerarse una infracción del Reglamento General de Protección de Datos (RGPD).

En América Latina o EE.UU., depende del país o estado, pero casi todos lo consideran uso indebido de imagen y voz.

✖ Usar voz IA para manipular, mentir o confundir

Ejemplos que NO debes hacer:

*   Simular que una persona dijo algo que nunca dijo

*   Usar voz IA para suplantar a un profesional en un curso

*   Imitar celebridades, líderes o marcas para fines virales o comerciales

*   Crear mensajes tipo "voz del más allá", sin aviso de que es IA

🤝 13.4. Cómo proteger tu propia voz clonada

Si tú ya has creado una voz clonada (con ElevenLabs u otra plataforma), esa voz se convierte en una extensión de tu identidad.

Por eso te recomiendo aplicar estas prácticas:

☑ 1. Registra tu voz como parte de tu marca personal

•   Puedes incluir descripciones de tu identidad sonora en los documentos de branding

•   Si trabajas como profesional, incluye cláusulas en tus contratos que indiquen:

"La voz clonada generada con mi autorización no podrá ser usada sin aviso explícito fuera del contexto para el que fue creada."

☑ 2. Firma acuerdos de uso controlado

Cuando colabores con agencias, asistentes o terceros:

•   Usa plantillas de "autorización limitada de uso de voz IA"

•   Especifica:

o   Dónde se puede usar

o   Cuándo caduca el permiso

o   Qué se considera uso indebido

☑ 3. No compartas tu voz clonada públicamente (el archivo)

•   Aunque ElevenLabs protege los datos, evita compartir tu clon con usuarios que no estén bajo tu supervisión

•   Si necesitas delegar tareas, crea una cuenta controlada o usa solo archivos finales

✏️ 13.5. Plantilla de consentimiento para uso de voz IA

A continuación, te comparto un modelo básico de consentimiento escrito que puedes adaptar para tus clientes, colaboradores o participantes:

📄 Modelo de Autorización de Uso de Voz para Clonación con IA

Nombre completo del autorizado: [Nombre y apellidos]

Correo electrónico: [email]

Fecha: [dd/mm/aaaa]

Autorizo expresamente a [Tu nombre / nombre de tu empresa] a utilizar mi voz con fines de clonación mediante tecnología de inteligencia artificial, con las siguientes condiciones:

1.   La voz será utilizada únicamente para: [especificar: formación, vídeos, redes sociales, etc.]

2.   No se autoriza el uso fuera de los contextos definidos anteriormente.

3.   En caso de finalizar la relación contractual o comercial, se cesará inmediatamente el uso de la voz clonada.

4.   No se permite modificar el contenido generado para simular mensajes que no hayan sido aprobados por mí.

5.   Tengo derecho a solicitar la eliminación del clon en cualquier momento.

Firma del autorizado: _____

🗣️ 13.6. Cómo informar a tu audiencia de forma ética que usas voz IA

Si quieres construir confianza con tu comunidad, no escondas que usas IA.

Hazlo parte de tu narrativa.

💡 Formas creativas y humanas de comunicarlo:

• "Este audio ha sido generado con mi voz clonada. No estoy grabando, pero estoy contigo."

• "Aunque esto lo diga mi versión IA, lo que digo aquí lo escribí yo, con el corazón."

• "Mi voz real hoy está descansando… pero sigue presente, gracias a la tecnología."

Esto no solo evita suspicacias, sino que genera curiosidad, apertura y conexión emocional.

⚖️ 13.7. Casos reales y riesgos públicos

🎙️ Caso 1: Influencer clona voz de otra sin permiso

Un influencer argentino clonó la voz de una cantante para un TikTok viral. Fue denunciado públicamente y tuvo que borrar el contenido, además de enfrentarse a amenazas de demanda.

Lección: La fama o el humor no justifican el uso no autorizado.

📺 Caso 2: Marca que usa IA sin avisar

Una escuela online publicó un curso entero narrado por IA sin avisar a sus estudiantes. La audiencia se sintió engañada, bajaron valoraciones y hubo reembolsos.

Lección: La confianza es frágil. La transparencia es clave.

✦ 13.8. Buenas prácticas de transparencia vocal

Práctica Beneficio

Informar que usas IA   Construye confianza y curiosidad

Usar frases disclaimer suaves   Refuerza tu presencia sin parecer "frío"

Compartir tu proceso (guiones, decisiones de voz)   Humaniza la tecnología

Pedir feedback sobre la experiencia auditiva   Crea comunidad y mejora el contenido

---

☑ Lo esencial del Capítulo 13

Tu voz es más que sonido.

Es identidad, emoción, marca… y también responsabilidad.

Clonar una voz, usar IA, automatizar lo humano: todo eso está bien…

siempre que lo hagas con ética, con límites, y con alma.

Y si construyes desde la verdad, la transparencia y el respeto,

tu voz IA será no solo legal,

sino profundamente humana.

💼 CAPÍTULO 14 — Cómo Lanzar y Monetizar un Proyecto de Voz IA como Negocio Real

"La voz es el nuevo producto digital.

Y tú puedes convertir tu contenido sonoro en un sistema rentable, escalable y emocional."

🚀 14.1. Introducción: de voz emocional a modelo de negocio

Hasta ahora has aprendido a crear, editar, automatizar y publicar voz IA emocional.

Pero… ¿y si te dijera que todo eso puede convertirse en una línea de negocio estable y rentable?

Este capítulo es para ti si:

- Quieres monetizar audios generados con ElevenLabs

- Buscas vender contenidos con voz IA en forma de cursos, podcast premium, mentorías o productos digitales

- Eres terapeuta, coach, comunicador, artista o creador de marca personal

- O simplemente quieres construir un negocio sonoro sin necesidad de grabarte tú mismo a diario

Aquí aprenderás:

- Modelos de monetización basados en voz IA

- Plataformas y flujos de venta

- Cómo crear tu catálogo de productos sonoros

- Estrategias de pricing emocional

- Funnels, comunidad y automatización

💡 14.2. Modelos de monetización con voz IA

Aquí tienes 7 modelos reales de negocio basados en voz generada por inteligencia artificial, aplicables a distintos perfiles de creador o marca:

📗 1. Cursos narrados con voz IA

Ideal para: formadores, consultores, coaches

- Grabas el contenido textual del curso

- Lo conviertes a voz IA

- Lo empaquetas en módulos de audio

- Lo vendes en plataformas como Hotmart, Teachable, Kajabi

🎯 Ventaja:

•	Puedes crear un curso sin grabarte, sin estudio, sin editar vídeo

---

🎙️ 2. Podcast premium por suscripción

Ideal para: terapeutas, narradores, guías, coaches emocionales

•	Creas cápsulas de 5 a 15 minutos de reflexión, guía, meditación o formación

•	Publicas un podcast gratuito (1 episodio semanal)

•	Ofreces suscripción en Patreon, iVoox Premium o Spotify con contenido exclusivo diario

🎯 Ventaja:

•	Monetizas con comunidad directa

•	Generas ingresos recurrentes

💌 3. Newsletter con voz integrada (pago mensual)

Ideal para: expertos de nicho, terapeutas, escritores

•	Envías contenido por email cada semana (texto + audio IA exclusivo)

•	La suscripción es mensual o anual (3€/mes – 12€/mes)

🎯 Plataformas útiles:

•	Substack

•	ConvertKit

- Beehiiv

🎁 4. Productos digitales de voz: packs descargables

Ideal para: creadores de contenido, escritores, marcas personales

Ejemplos de packs:

- "30 audios de afirmaciones matinales con tu voz"

- "Mini curso por audio: 10 reflexiones de 1 minuto"

- "Guía sonora para el duelo"

- "Cuentos cortos narrados para niños"

🎯 Formato:

- Carpeta descargable

- Drive / Gumroad / Payhip / Etsy digital

🧘 5. Suscripción a "mensajes de voz emocional"

Ideal para: terapeutas, coaches, influencers íntimos

- Modelo: "te mando 3 audios por semana"

- Usas voz IA para generar notas de voz realistas

- Cobras una membresía emocional (desde 5€/mes)

🎯 Puedes hacerlo vía Telegram, WhatsApp o incluso email

📞 6. Voz IA como servicio a terceros

Ideal para: marketers, asistentes virtuales, copywriters

- Ofreces creación de:

o Voces narradas para vídeos

o Reels automatizados

o Clonación de voz para clientes

o Meditaciones personalizadas

🎯 Plataformas para ofrecer servicios:

- Fiverr

- Upwork

- Contra

- Web personal

📦 7. Paquetes combinados de branding + voz IA

Ideal para: agencias, diseñadores, consultores

- Creas la voz de marca junto al logo, colores, copy

- Diseñas intros/outros de podcast o reels

- Vendes la identidad sonora como producto premium

🎯 Precios: desde 300€ a 2.000€ según el cliente

📦 14.3. Cómo diseñar tu primer producto sonoro (paso a paso)

Vamos a crear un producto digital basado en voz IA desde cero.

Este proceso sirve tanto para un mini curso, un pack de audios, una serie de meditaciones o reflexiones.

🎯 Paso 1: Define la transformación emocional

¿Qué va a experimentar la persona que escuche estos audios?

Ejemplos:

• "Se sentirá más en calma al despertar."

• "Comprenderá cómo gestionar su ansiedad."

• "Conectará con su propósito cada mañana."

• "Aprenderá algo útil en 60 segundos."

🧱 Paso 2: Diseña la estructura de contenido

Usa este esquema:

• N° de audios: 7, 10, 21 o 30 (según temática)

• Duración media: 1 a 5 minutos

• Títulos: cortos, emocionales y ordenados (ej: Día 1 - "Aquí estás")

• Formato: solo voz IA o voz + música ambiente

Ejemplo:

Producto: "21 Días de Voz Interior"

Día   Título   Emoción

1	"Estás a salvo" Calma
2	"No tienes que correr" Liberación
3	"Esto también es parte" Aceptación

🎧 Paso 3: Genera y edita los audios

1. Escribe los guiones con estilo emocional (ver Cap. 9)

2. Usa ElevenLabs con parámetros coherentes (ver Cap. 12)

3. Añade música suave (opcional)

4. Exporta todos los audios en .mp3 (320 kbps)

Tip: deja siempre 2–3 segundos de silencio al inicio y final.

💾 Paso 4: Prepara la entrega

Opciones para entregar:

- Carpeta de Google Drive organizada por días

- Página web privada con reproductor

- Email automatizado con 1 audio diario

- Telegram canal privado

💰 Paso 5: Define tu precio emocional

Fórmula base:

Transformación x duración x intimidad = precio emocional

Tipo de producto	Precio recomendado
Pack de 5 audios	7–15 €
21 días / reto diario	17–35 €
Audio exclusivo semanal (suscripción)	4–8 €/mes
Curso completo por audio	47–97 €

🎯 Consejo: no vendas "audios". Vende lo que los audios hacen sentir.

🔁 14.4. Funnel y automatización completa de venta

Una vez creado tu producto de voz IA, el siguiente paso es automatizar la venta y entrega, para que puedas escalar sin estar presente.

◆ Funnel mínimo viable para producto digital con voz IA:

1. Captación (contenido gratuito)

o Publica audios breves en Instagram, TikTok, Telegram

o Ofrece un audio gratuito tipo:

"Te regalo un audio de calma para cerrar el día. Link en bio."

2. Landing de conversión (formulario simple o página de venta)

o Título emocional

o Lista de lo que incluye el producto

o Audio de muestra

o Botón de pago claro

3. Pago online (Stripe, PayPal o Gumroad)

4.   Entrega automática

o   Link a carpeta de Drive, canal de Telegram, o email diario automatizado

5.   Postventa emocional

o   Audio de agradecimiento con tu voz IA

o   Encuesta rápida de experiencia

o   Upsell a otro pack o suscripción mensual

🛠 14.5. Plataformas recomendadas para alojar y vender tus audios

Plataforma	Ideal para	Precio
Gumroad	Packs simples de audios descargables	Gratis con comisión
Hotmart	Cursos o retos diarios	% sobre venta
Teachable	Cursos premium con voz IA	Desde 39€/mes
Payhip	Audios individuales + ebooks	Plan gratuito
SendOwl	Automatización de entrega	Desde 9€/mes
Substack	Newsletter con audio embebido	Gratis con % si cobras
Telegram Premium / Bot personalizado	Entrega directa con interacción	Variable

📢 14.6. Promoción: cómo lanzar y viralizar tu producto sonoro

💡 Publica en formato Reels/Shorts:

"Este audio no está en redes. Solo lo escucha quien lo recibe en su correo cada domingo."

"Son 21 audios, uno por día. Te acompañan, no te hablan."

"No es un curso. Es una voz. Una que dice lo que a veces no puedes decirte tú."

🎧 Usa audios de muestra con subtítulos, música suave y link en bio.

📣 Otras estrategias:

• Sorteo de acceso gratuito

• Prueba de 3 días (envías audios gratis por Telegram o email)

• Bundle con otros creadores (pack emocional colaborativo)

• Voz IA personalizada (con nombre del cliente en la intro)

• Afiliados: ofrece comisión por venta a otros creadores

🌱 14.7. Casos reales de éxito con productos de voz IA

🧘 "Mi Voz Interna" – 21 días de afirmaciones con IA

• Psicóloga argentina

- Voz clonada emocional

- Se entregan por email cada día

- Precio: 21€

- +1.200 ventas en 3 meses

📑 "MiniLecciones en Voz Baja" – contenido educativo por voz IA

- Divulgador científico

- 60 cápsulas de 90 segundos

- Vendido como audio curso

- En Gumroad y Substack

- Ingresos mensuales: 400–800€

🎙️ "Tu Diario Sonoro" – suscripción por Telegram

- Influencer emocional

- Voz IA enviada cada noche

- Precio: 5€/mes

- Comunidad de 300 suscriptores activos

- Automatizado con Zapier + Bot de Telegram

☑ Lo esencial del Capítulo 14

No necesitas una productora.

No necesitas estudio de grabación.

No necesitas exponerte ni hablar cada día.

Lo único que necesitas es una voz emocional bien diseñada, bien escrita, y bien entregada.

Y si la combinas con estrategia, estructura y alma…

esa voz se convierte en un producto.

Ese producto, en un ingreso.

Y ese ingreso, en libertad.

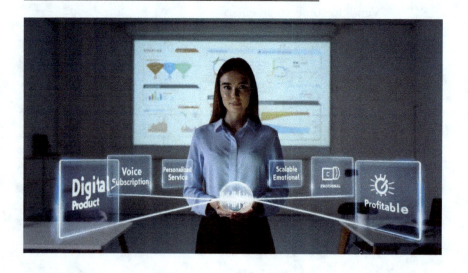

📑 CAPÍTULO 15 — Anexos, Plantillas y Recursos para Creación y Edición de Voz IA

"No se trata de hacerlo todo desde cero.

Se trata de tener las herramientas adecuadas al alcance de tu voz."

💼 15.1. Introducción: por qué necesitas sistemas, plantillas y accesos rápidos

A lo largo de este libro, has aprendido decenas de técnicas, formatos y estilos para generar, editar, publicar y monetizar voz IA emocional.

Pero si tienes que recordarlo todo de memoria, lo más probable es que termines sin usar nada.

Este último capítulo recopila:

•   Plantillas listas para usar

•   Tablas comparativas de voces, parámetros y formatos

- Recursos gratuitos y de pago

- Bibliotecas de sonidos, música y silencios

- Checklists para cada fase (producción, edición, publicación, entrega)

- Casos de aplicación rápida por sector

📑 15.2. Plantillas de prompts emocionales por tono

Aquí tienes plantillas listas para copiar, adaptar y pegar en ElevenLabs o en tu guion de voz IA, clasificadas por tipo de emoción:

😌 CALMA

"Respira.

No hay urgencia.

Estás aquí.

Solo eso ya es suficiente."

🥺 TRISTEZA / VULNERABILIDAD

"No tengo todas las respuestas.

A veces ni siquiera tengo claridad.

Pero aún así, sigo buscando."

😊 GRATITUD

"Gracias.

Por seguir aquí.

Por abrir este espacio.

Por escuchar."

🐵 REFLEXIÓN PROFUNDA

"Y entonces lo entendí.

Lo que dolía no era lo que pasó.

Era lo que yo esperaba que pasara."

🧘 MEDITACIÓN / MINDFULNESS

"Cierra los ojos.

Siente el peso de tu cuerpo.

El aire entrando.

El aire saliendo.

Todo está bien."

💪 MOTIVACIÓN / EMPODERAMIENTO

"Hoy no tienes que demostrar nada.

Solo avanzar.

Un paso.

Aunque sea pequeño.

Pero tuyo."

☑ 15.3. Checklists por fase del proceso

🎙 GENERACIÓN (voz IA en ElevenLabs)

- ¿Está el texto escrito como si hablara una persona real?

- ¿Usa pausas (...), muletillas y respiraciones intencionales?

- ¿Has elegido el arquetipo de voz correcto?

- ¿Los parámetros están ajustados al tono emocional?

- ¿Has escuchado el resultado completo con auriculares?

- ¿Suena vivo, humano, con momentos de silencio o énfasis?

🎧 EDICIÓN (con Audacity, Reaper, Descript...)

- ¿Aplicaste ecualización para calidez y claridad?

- ¿Compresor para evitar picos o susurros perdidos?

- ¿Normalizaste el volumen final?

- ¿Insertaste música o ambiente con volumen bajo (-18 dB aprox.)?

- ¿Incluiste silencios reales entre bloques?

- ¿Exportaste en MP3 (320 kbps) o WAV (si va a edición

posterior)?

■ PUBLICACIÓN (Instagram, podcast, email…)

• ¿Subtítulos añadidos para redes?

• ¿CTA emocional integrado?

• ¿Visual de apoyo coherente (foto, vídeo, animación)?

• ¿Link a más contenido o producto?

• ¿Mensaje adaptado al canal y a la audiencia?

• ¿Momento de publicación emocionalmente estratégico?

💰 MONETIZACIÓN

• ¿Producto diseñado con transformación emocional clara?

• ¿Audios organizados, nombrados y empaquetados?

• ¿Plataforma de venta activa (Gumroad, Hotmart, etc.)?

• ¿Automatización de entrega lista?

• ¿Promoción iniciada con contenido gratuito?

• ¿Sistema de feedback y mejora en marcha?

⊞ 15.4. Tabla resumen de parámetros ideales por tipo de contenido

Uso	Stability	Style Ex.	Clarity	Duración	Tono
Reels emocionales	30–45	1.5–1.7	85–90	30–45s	Confesional
Podcast reflexivo	40–55	1.2–1.4	90–100	2–5 min	Narrativo suave
Meditaciones guiadas	20–35	1.1	85–90	3–10 min	Lento, envolvente
Cursos online	60–70	1.0–1.2	100	5–10 min	Claro, profesional
Notas de voz íntimas	30–45	1.5	90	20–60s	Personal, informal

🧰 15.5. Recursos recomendados por categoría

🎼 MÚSICA Y SONIDOS DE FONDO

Recurso	Descripción	Web
Epidemic Sound	Música emocional profesional con licencia	epidemicsound.com
Artlist	Sonidos de fondo y ambientes premium	artlist.io

Freesound	Sonidos gratuitos con licencia abierta	freesound.org
Ambient Mixer	Generador de ambientes personalizados	ambient-mixer.com
Soundly	Banco de sonidos con interfaz de edición	getsoundly.com

SUBTÍTULOS AUTOMÁTICOS Y VÍDEO

Recurso	Uso	Web
CapCut	Subtítulos animados para Reels y Shorts	capcut.com
Submagic	Subtítulos automáticos con estilo TikTok	submagic.co
Descript	Subtítulos, edición de audio y vídeo en uno	descript.com
VEED.IO	Subtítulos online rápidos	veed.io

Recurso	Uso	Web
Zapier	Automatizar generación, publicación, email	zapier.com
Notion + API	Crear base editorial de voz IA	notion.so
Make (Integromat)	Alternativa visual potente	make.com
Tally Forms	Formularios para pedir voz personalizada	tally.so

💼 15.6. Kit de lanzamiento rápido (7 días)

Una checklist si quieres lanzar un producto de voz IA en una semana:

Día   Acción

1   Elige tu arquetipo, público y emoción

2   Diseña tu estructura (nº de audios, temas, duración)

3   Escribe 3 guiones iniciales

4   Genera audios con ElevenLabs

5   Edita y empaqueta (Drive o Gumroad)

6   Diseña landing simple + link de pago

🎯 "No esperes a tenerlo perfecto. Espera a que se escuche auténtico."

📌 15.7. Ejemplo completo de uso integrado

Perfil: terapeuta emocional

Producto: "El Susurro Diario" – 21 audios emocionales

Generación: voz IA tipo confesional, 45s por audio

Publicación: automatizada por Telegram

Monetización: 21€ pago único

Resultados:

*   173 ventas en el primer mes

*   Retorno automático sin grabar ni editar una sola vez

*   Tiempo invertido: 6 días

🎯 Lo esencial del Capítulo 15 (y del libro)

Este libro no ha sido solo un manual técnico.

Ha sido una guía emocional para construir una voz con alma, aunque esté hecha de código.

Ahora ya sabes:

*   Qué decir

*   Cómo decirlo

*   Dónde publicarlo

- Cómo automatizarlo

- Y cómo convertirlo en un negocio real

Y lo mejor es que puedes hacerlo sin necesidad de tener una gran audiencia, ni estudios, ni cámaras, ni maquillaje, ni voz propia.

Solo necesitas intención.

Una historia.

Y una voz —que ahora también puede ser IA—

que diga lo que tú quieres decir al mundo.

SOBRE LA AUTORA

Cristina Pilar Barriga Ramos representa una figura única en el panorama internacional, donde convergen la ciencia médica, la inteligencia artificial, la estética avanzada, la ciberseguridad y la innovación estratégica. **Su formación en Radiodiagnóstico y Medicina Nuclear le brindó una comprensión profunda del cuerpo humano y de los procesos de diagnóstico avanzados. A partir de esa base científica, Cristina ha construido una trayectoria caracterizada por la búsqueda continua de conocimiento, la excelencia en cada especialización y un compromiso genuino con el bienestar de las personas.**

Desde la dirección del **Instituto Nacional de Micropigmentación (INM)** y el **Instituto Superior de Innovación y Ciencias Aplicadas Empresariales (ISICAE)**, Cristina lidera un **equipo de alto nivel**, formado por expertos internacionales en estética avanzada, marketing digital y tecnología sanitaria, con una **plataforma educativa propia** desarrollada bajo su dirección para ofrecer formación de vanguardia en estética, micropigmentación, IA, automatizaciones y gestión empresarial digital.

Académicamente, Cristina estudió en la **Universidad Francisco de Vitoria**, donde obtuvo su **Grado en Humanidades**, combinando una profunda formación humanística con titulaciones avanzadas en **tecnologías sanitarias como ecografía, resonancia magnética (MRI) y tomografía computarizada (CT Scan)**. Esta fusión de saberes le proporciona una perspectiva única e integradora entre el arte, la ciencia y la salud.

Posteriormente, Cristina transitó hacia el mundo de la tecnología, convirtiéndose en **Full Stack Developer certificada** en **Java** a través de formación especializada en **La Cámara de Comercio**, alcanzando además un dominio avanzado en **JavaScript, frameworks, APIs REST, Spring Boot, AWS Lambda, HTML, bases de datos MySQL, Apache, Clouds como Amazon Web Services, GitHub, Jira y Confluence.**

161

Con más de **1.800 horas** de formación técnica específica en programación, cloud computing, IA aplicada, Big Data, ciberinteligencia (CYBINT), OSINT, HUMINT y SIGINT, su preparación es integral. Sus certificaciones incluyen **Scrum Master, Microsoft SC-900, AZ-900, AWS Architect, Cisco CCNA V7, Cisco CyberOps Associate, IC3-GS5**, así como el **Cristina Barriga Ramos cuenta con el Diploma C1b3rWall, expedido por la Universidad de Salamanca en colaboración directa con la Policía Nacional Española** —a través de **su Dirección General y su Comisaría General de Policía Judicial**—. **Este prestigioso programa formativo integra conocimientos avanzados en ciberseguridad, ciberinteligencia, análisis forense digital, gestión de incidentes críticos y protección de infraestructuras, avalado además por entidades de máximo nivel como INCIBE, Europol, Interpol, OTAN y principales compañías tecnológicas globales.** También cursó el prestigioso Programa Talento Digital de la Escuela de Organización Industrial (EOI), en colaboración con Cisco Networking Academy. Cristina adquirió competencias prácticas de alto nivel alineadas con los estándares de Cisco y las necesidades de la transformación digital empresarial.

Es también doble Perito Judicial en Ciberseguridad, Seguridad de la Información y OSINT, con formación acreditada por la UNED y más de 600 horas certificadas en auditoría informática, ciberdefensa, análisis forense y protección digital. Además, cuenta con un Certificado de Profesionalidad en Seguridad Informática, lo que refuerza su compromiso con entornos digitales éticos y seguros. Su preparación le permite emitir informes periciales con validez legal ante los tribunales, garantizando el cumplimiento de normativas como el RGPD, la LOPDGDD y estándares internacionales como la ISO/IEC 27001. Domina conceptos esenciales como la cadena de custodia digital, la trazabilidad de incidentes y la gestión de evidencias electrónicas en entornos judicializados y clínicos.

Su expertise se extiende al **marketing digital, e-commerce y automatización de procesos**, donde aplica inteligencia artificial para personalizar experiencias, optimizar la captación de clientes y dirigir proyectos de transformación digital en el sector estético, sanitario y empresarial.

Como **mentora estratégica**, Cristina guía a nuevos emprendedores, empresarios y profesionales hacia la innovación y la excelencia, combinando rigor técnico con un enfoque humanista y sostenible. Sus programas de consultoría impulsan la creación de marcas sólidas, éticas y competitivas en mercados globales.

Con más de 5.800 horas de formación reglada acreditadas, Cristina posee los Certificados de Profesionalidad en Tratamientos Estéticos y Maquillaje Integral, expedidos por organismos oficiales. Su especialización en micropigmentación estética y paramédica abarca un dominio experto de técnicas hiperrealistas avanzadas, incluyendo microblading, powder brows, cejas híbridas, labios pixelados, full lips, técnica acuarela, contorno de labios, neutralización de labios oscuros, eyeliner clásico, eyeliner difuminado velvet, efecto sombra en ojos, así como reconstrucción areolar 3D, camuflaje de cicatrices quirúrgicas y no quirurgicas, camuflaje de estrías, vitíligo y otras afecciones dermatológicas. Asimismo, destaca en micropigmentación capilar para línea frontal, densidad difusa y patrones de alopecia avanzados, despigmentación y corrección de procedimientos anteriores, pigmentología avanzada y freckling realista (pecas). Está profundamente implicada en la corrección estética y emocional de pacientes oncológicos, realizando reconstrucciones areolares, camuflaje de cicatrices y rediseño capilar. Además, colabora en programas de formación y sensibilización dirigidos a pacientes en recuperación, aportando conocimiento técnico, apoyo emocional y estrategias para la recuperación de la autoestima tras procesos oncológicos. Su trabajo combina precisión clínica, empatía profunda y compromiso con la dignidad personal. Domina además la colorimetría aplicada, realizando combinaciones de pigmentos de alta precisión para adaptarse a subtonos específicos de piel y corrigiendo alteraciones cromáticas complejas. Su conocimiento experto en sistemas de agujas y cartuchos, le permite seleccionar la herramienta óptima en función del tipo de piel, la zona a tratar y el efecto buscado. Maneja

con maestría variables como la profundidad, presión y dirección de la implantación, garantizando resultados duraderos, armónicos y seguros. Ha perfeccionado su técnica en centros de referencia en Milán, Barcelona, Miami y Dubái, y viaja regularmente a Canadá, Estados Unidos y Reino Unido para asistir a congresos científicos internacionales, mantenerse actualizada en investigación dermoestética y profundizar en avances en pigmentología, bioseguridad y técnicas paramédicas. Su compromiso inquebrantable con la actualización constante, la investigación aplicada y la excelencia profesional constituye uno de los pilares de su filosofía de trabajo. Además, como Perito Judicial adscrita a los juzgados, Cristina realiza informes periciales especializados en tatuaje, micropigmentación y procedimientos estéticos, contribuyendo a la defensa de los derechos de los pacientes, la ética clínica y la regulación responsable del sector.

Con experiencia internacional en **Perú, Emiratos Árabes, Filipinas y Hong Kong**, y dominio fluido de **español, inglés e italiano**, Cristina entiende las dinámicas multiculturales y la importancia de la adaptabilidad en un mundo hiperconectado.

Miembro activo de **Mensa**, Cristina pertenece a las organizaciones más prestigiosas reservadas a las mentes más brillantes del mundo, accediendo a ellas tras rigurosas pruebas de superdotación intelectual que sitúan su coeficiente dentro del 2% más alto de la población mundial. Su pertenencia a estas sociedades —que aglutinan al 0.0001% más capacitado intelectualmente del planeta— no es un título más, sino un reflejo de su pensamiento estratégico, su innovación radical y su creatividad analítica.

Como autora y conferenciante, ha publicado obras de referencia en medicina nuclear, estética médica y protección de la salud. Además, ha demostrado su excelencia en el arte corporal, con formación formal y experiencia en **tatuaje profesional**, donde perfeccionó técnicas de sombreado, colorimetría avanzada y microdetallismo artístico, cimentando así una base creativa que enriquece cada procedimiento de micropigmentación.

Cristina no es solo una técnica: es una **artista creativa**, capaz de transformar pieles, identidades y narrativas humanas mediante su sensibilidad estética, su conocimiento anatómico y su dominio de la tecnología.

Su contribución con este libro refleja una visión audaz: **la inteligencia artificial, en manos humanas, puede convertirse en un instrumento para amplificar la voz, la identidad, la belleza y la dignidad de cada ser humano.**

En un panorama donde la combinación real de ciencia, arte y tecnología suele ser inusual, **Cristina Barriga Ramos emerge como una de las pocas profesionales capaces de integrar conocimiento riguroso, sensibilidad estética y visión estratégica a nivel internacional.**

Su enfoque no solo sigue las mejores prácticas del mercado; **redefine los estándares de calidad, ética e innovación** que otros profesionales tomarán como referencia en los próximos años.

Cristina Pilar Barriga Ramos no sigue tendencias: las crea. Su legado es la excelencia; su lenguaje, la innovación; su motor, el propósito.

Ha escrito libros sobre salud capilar en personas con diabetes, micropigmentación estética y paramédica —tanto dirigidos a profesionales como a pacientes—, así como obras sobre el derecho a la protección de la salud. Su trabajo editorial refleja un enfoque integrador entre ciencia, ética, educación y bienestar. Además, aparece con frecuencia en medios de comunicación especializados, donde aporta su visión experta sobre innovación estética, inteligencia artificial aplicada y salud pública con perspectiva humanista.

En un mundo que tiende a la hiper-especialización, Cristina Barriga Ramos elige un camino diferente: el de la multidisciplinariedad consciente. Inspirada en las grandes figuras del saber como Leonardo da Vinci o Arquímedes, cuya genialidad emergía precisamente de la conexión entre diversas áreas del conocimiento, Cristina cultiva una formación diversa y profunda que abarca la ciencia médica, la tecnología avanzada, la estética artística, la bioética y la inteligencia artificial. Esta amplitud de campos no es casual: responde a su firme convicción de que las soluciones verdaderamente innovadoras surgen en los cruces, en los márgenes, en los espacios donde dialogan saberes distintos. Su capacidad para traspasar conocimientos de un área a otra, y para **resolver problemas complejos desde enfoques integradores**, la convierte en una profesional extraordinariamente versátil, capaz de ver donde otros solo intuyen. Cristina no solo domina múltiples disciplinas: las entrelaza para construir respuestas más humanas, más creativas y más eficaces a los desafíos de nuestro tiempo.